RECUEIL

DES PLANCHES.

109

Z

8649

RECUEIL

DES PLANCHES

DU

SYSTÊME ANATOMIQUE,

FAISANT PARTIE DE L'ENCYCLOPÉDIE MÉTHODIQUE
PAR ORDRE DE MATIÈRES.

A PARIS,

Chez Mme veuve AGASSE, Imprimeur-Libraire, rue des Poitevins, n° 6.

1825.

ENCYCLOPÉDIE MÉTHODIQUE.

SYSTÊME ANATOMIQUE.

EXPLICATION DES FIGURES.

PLANCHE I.

Fig. 1. Os humérus d'un enfant, coupé dans le sens de sa longueur et de manière à faire voir le canal médullaire et les épiphyses.

   aaa. Lame épaisse de tissu compacte, qui forme les parois du canal médullaire et qui enveloppe les extrémités de l'os.

   bbb. Tissus celluleux et réticulaire.

Fig. 2. Portion d'un os humérus coupé suivant sa longueur.

   aa. Parois compactes du canal médullaire.

   b. Moelle couverte des ramifications de son artère injectées.

   c. Artère nourricière pénétrant dans le canal médullaire pour se ramifier sur la moelle.

Fig. 3. Os pariétal gauche d'un fœtus. Il a été dépouillé de son périoste pour faire voir la disposition de ses fibres radiées.

   a. Centre d'ossification.

   b. Bord le plus voisin de ce centre.

   c. Angle antérieur et inférieur.

Fig. 4. Muscle biceps.

   a. Son corps ou partie moyenne.

   b. Son extrémité supérieure formée par deux tendons.

   c. Son extrémité inférieure formée par un tendon et par une expansion aponévrotique.

Fig. 5. Tronc de la veine iliaque externe fendu dans le sens de sa longueur, afin de faire voir la disposition de ses valvules à l'intérieur.

   a. Portion du tronc de la veine dans son intégrité.

   bbbb. Branches secondaires s'ouvrant dans le même vaisseau.

   cccc. Valvules formées par la membrane interne de la veine.

   dddd. Orifices par lesquels s'ouvrent dans la cavité de celle-ci les branches et les rameaux secondaires.

PLANCHE II.

Fig. 1. Tronc de l'artère iliaque primitive avec ses deux troncs secondaires, et les branches et rameaux qui en naissent immédiatement.

   a. Le tronc de l'artère.

   b. Son calibre au lieu de la section.

   ccc. Extrémités coupées de ses rameaux.

Fig. 2. Un ganglion lymphatique avec les vaisseaux qui y abordent et ceux qui en sortent.

   aaa. Vaisseaux lymphatiques, parmi lesquels celui du milieu est immédiatement afférent.

b. Le ganglion.

c c c. Vaisseaux lymphatiques efférens, et anastomosés entr'eux et avec les troncs voisins.

Fig. 3. Plexus brachial, dessiné de manière à faire voir son mode de formation.

a a a a. Branches antérieures des nerfs spinaux, qui concourent à sa composition.

b b. Lieu de l'union et de l'entre-croisement de ces branches ou plexus proprement dit.

c c c c. Nerfs brachiaux naissant de la partie inférieure du plexus.

Fig. 4. Ganglion cervical supérieur du trisplanchnique.

a. Les filets qui en émanent supérieurement.

b. Son filet de communication avec le ganglion cervical moyen.

c. Réseau formé par les filets nerveux dont il semble composé.

Fig. 5. Un des ganglions nerveux qu'on observe au milieu des plexus de l'abdomen.

Fig. 6. Tissu adipeux formé par l'agglomération des vésicules qui contiennent la graisse.

Fig. 7. Portion de la lèvre inférieure, vue par sa face interne et de manière à laisser apercevoir en partie sa membrane muqueuse, ses follicules mucipares et sa couche charnue.

Fig. 8. Portion du péritoine, avec les vaisseaux capillaires qui se ramifient dans l'épaisseur ou à la surface de cette membrane séreuse.

Fig. 9. La glande sous-maxillaire avec son canal excréteur et ses racines.

PLANCHE III.

Fig. 1. Squelette d'un homme adulte vu de face.

a. L'os frontal.

b. L'ouverture antérieure des fosses nasales.

c. La mâchoire inférieure.

d. Les vertèbres cervicales.

e. Les dernières vertèbres dorsales.

f. Les vertèbres lombaires.

g. Le sacrum.

h h. Les os coxaux.

i i. Les clavicules.

j j. Les humérus.

k k. Les radius.

l l. Les cubitus.

m m. Le carpe.

n n. Le métacarpe.

o o. La première phalange du pouce.

p p p. Les premières phalanges des doigts.

q q. Les fémurs.

r r. Les rotules.

s s. Les tibias.

t t. Les péronés.

u u. Le tarse.

v v. Le métatarse.

x x. Les orteils.

y. Le sternum.

z z z z. Les côtes.

ω ω. Les omoplates.

Fig. 2. Le fémur gauche isolé et vu par-devant.

a. Son corps.

b. Sa tête.

c. Son col.

d. Le grand trochanter.

e. Le petit trochanter.

f. Le condyle externe.

g. Le condyle interne.

h. Surface articulaire pour la rotule.

Fig. 3. Extrémité inférieure ou tibiale du fémur vue de face.

a. Surface articulaire inter-condylienne pour la rotule.

b. Surface articulaire du condyle interne.

c. Surface articulaire du condyle externe.

d. Excavation dans laquelle s'insèrent en arrière les ligamens croisés de l'articulation du genou.

Fig. 4. Extrémité supérieure ou coxale du fémur vue de face.

   a. La région supérieure du col.

   b. La partie articulaire de la tête.

   c. La fossette où se fixe le ligament interne de l'articulation coxo-fémorale.

PLANCHE IV.

Fig. 1. Le squelette de l'homme adulte vu par-derrière.

   aa. Les pariétaux.

   b. L'occipital.

   c. La branche montante de la mâchoire inférieure.

   d. Son corps.

   e. L'atlas.

   f. L'axis.

   g. La vertèbre proéminente.

   hh. La première vertèbre dorsale.

   ii. La dernière vertèbre dorsale.

   j. Les vertèbres lombaires.

   k. Le sacrum.

   l. Le coccyx.

   mm. Les côtes.

   nn. Les omoplates.

   o. La clavicule gauche.

   pp. Les acromions.

   qq. Les humérus.

   rr. Les radius.

   ss. Les cubitus.

   tt. Le carpe.

   uu. Le métacarpe.

   vv. Les phalanges des doigts.

   xx. Les os coxaux.

   yy. Les fémurs.

   zz. Les articulations coxo-fémorales.

   ωω. Les articulations du genou.

   1, 1. Les tibias.

   2, 2. Les péronés.

   3, 3. Le calcanéum.

   4, 4. Les os du tarse.

   5, 5. Ceux du métatarse.

   6, 6. Les phalanges des orteils.

Fig. 2. Le fémur vu par-derrière.

   a. Son corps.

   b. Sa tête.

   c. Son col.

   d. Le grand trochanter.

   e. Le petit trochanter.

   f. La ligne âpre.

   g. La cavité digitale du grand trochanter.

   h. Le condyle interne.

   i. Le condyle externe.

   j. Sa surface articulaire tibiale.

   k. Celle du condyle interne.

   l. La cavité qui existe entr'elles.

Fig. 3. La rotule vue par-devant.

Fig. 4. La rotule vue par-derrière.

Fig. 5 et 6. La rotule vue par ses côtés.

PLANCHE V.

Le squelette de l'homme adulte vu de face, et de manière à faire voir la disposition des os du thorax, des clavicules, des os de l'avant-bras, dans certains mouvemens des membres thoraciques.

N. B. Les lettres ont la même signification que dans la figure 1re. de la planche III.

PLANCHE VI.

Le squelette de l'homme adulte vu de côté, et de manière à présenter la disposition que prennent les os lors des mouvemens des membres thoraciques et abdominaux.

   λλ. Calcanéum.

N. B. Les autres lettres ont encore ici la

même valeur que dans la figure 1ʳᵉ. de
la planche III.

PLANCHE VII.

Différences qui existent entre le squelette
de l'homme adulte et celui de la femme
adulte.

Fig. 1. Squelette de l'homme.

Fig. 2. Squelette de la femme.

PLANCHE VIII.

Squelettes du fœtus.

Fig. 1. Squelette d'un fœtus vu de face.
  a. La fontanelle fronto-pariétale.
  bb. Les os maxillaires supérieurs, dont les
    dents ne sont pas encore sorties.
  cc. Les deux pièces qui composent l'os
    frontal.
  dd. Les deux pièces qui forment la mâ-
    choire inférieure.
  f. Le bassin.

Fig. 2. Le même vu de profil.
  a. La fontanelle fronto-pariétale.
  b. La fontanelle occipito-mastoïdienne.
  c. La bosse pariétale, très-saillante à
    cette époque de la vie.
  d. La mâchoire inférieure avant la nais-
    sance des dents.
  e. Le sternum, fort incliné en avant.
  f. Le coccyx, très-saillant en arrière.
  gg. La colonne vertébrale, presque droite.

PLANCHE IX.

Fig. 1. La colonne vertébrale vue de face, avec
  le sacrum et le coccyx.

Fig. 2. La colonne vertébrale avec le sacrum et
  le coccyx, vus par-derrière.

PLANCHE X.

Fig. 1. La colonne vertébrale avec le sacrum et
  le coccyx, vus de profil.

Fig. 2. Coupe longitudinale de la colonne vertébrale, du sacrum et du coccyx, pour
  montrer la disposition du canal vertébral.

PLANCHE XI.

Fig. 1. L'atlas ou la première vertèbre cervicale,
  vue par sa face supérieure.
  a. Le grand trou vertébral.
  bb. Les apophyses transverses, avec le
    trou de leur base pour le passage
    de l'artère vertébrale.
  c. Le tubercule de l'arc postérieur.

Fig. 2. L'atlas ou la première vertèbre cervicale,
  vue par sa face inférieure.
  a. Le grand trou vertébral.
  bb. Les apophyses transverses avec leur
    tronc.
  c. Le tubercule de l'arc postérieur.
  d. Le tubercule de l'arc antérieur.

Fig. 3. L'axis ou la seconde vertèbre cervicale,
  vue de côté.
  a. L'apophyse odontoïde.
  b. L'apophyse épineuse.
  c. Le corps de la vertèbre surmonté
    de l'apophyse articulaire supérieure
    gauche et portant l'apophyse trans-
    verse qui s'en élève en dehors.

Fig. 4. L'axis ou la seconde vertèbre cervicale,
  vue par sa face supérieure.
  a. Le grand trou vertébral.
  b. L'apophyse odontoïde.
  c. L'apophyse épineuse et son sommet
    bifide.
  dd. Les apophyses articulaires supérieures.
  ee. Les apophyses articulaires inférieures,
    en avant desquelles on voit saillir
    le sommet des apophyses trans-
    verses.
  f. Le corps de la vertèbre.

Fig. 5. L'axis ou la seconde vertèbre cervicale,
  vue par sa face antérieure.

Fig. 6. La quatrième vertèbre cervicale , vue par sa face inférieure.
  a. Le grand trou vertébral.
  b. Le corps de la vertèbre.
  c c. Les apophyses transverses avec leur sommet bifurqué et le trou dont est percée leur base.
  d d. Les apophyses articulaires inférieures dirigées en bas et en avant, et laissant, entr'elles et les apophyses transverses, une gouttière qui concourt à la formation du trou de conjugaison.
  e. L'apophyse épineuse et son sommet bifurqué.
  f f. Les lames de la vertèbre.

Fig. 7. La quatrième vertèbre cervicale, vue par sa face supérieure.
  a. Le grand trou vertébral.
  b. Le corps de la vertèbre.
  c. L'apophyse épineuse.
  d d. Les apophyses transverses.
  e e. Les apophyses articulaires supérieures, dirigées en haut et en arrière.
  f f. Les lames de la vertèbre.

Fig. 8. La quatrième vertèbre cervicale, vue de profil.
  a. Le corps de la vertèbre.
  b. L'apophyse épineuse.
  c. La masse des apophyses transverses et articulaires.

Fig. 9. La face postérieure de la quatrième vertèbre cervicale.
  a a. Les masses des apophyses transverses et articulaires.
  b. Le sommet de l'apophyse épineuse.

Fig. 10. La face antérieure de la quatrième vertèbre cervicale.
  a. Le corps de la vertèbre.
  b b. Les apophyses transverses.

Fig. 11. Mode de jonction des vertèbres cervicales , vues par le côté.

  a. L'atlas ou la première des vertèbres cervicales.
  b. La seconde vertèbre ou l'axis.
  c. La troisième vertèbre cervicale.

Fig. 12. Mode de jonction des vertèbres cervicales , vues par-derrière.
  a. L'atlas et son articulation avec l'apophyse odontoïde.
  b b. Les apophyses transverses de l'axis.
  c c. Celles de la troisième vertèbre cervicale.

Fig. 13. Mode de jonction des vertèbres cervicales , vues par-devant.
  a. L'atlas et le tubercule de l'arc antérieur de cette première vertèbre cervicale.
  b b. Les apophyses transverses.
  c. Le corps de la troisième vertèbre cervicale.

Fig. 14. La septième vertèbre dorsale, vue par sa face inférieure.
  a. Le grand trou vertébral.
  b. Le corps de la vertèbre.
  c. L'apophyse épineuse et son sommet simple.
  d d. Les apophyses articulaires inférieures.
  e e. Les apophyses transverses , précédées de la gouttière qui concourt à la formation du trou de conjugaison.
  f f. Les petites facettes par lesquelles le corps de cette vertèbre s'articule avec les têtes des deux septièmes côtes.

Fig. 15. La septième vertèbre dorsale, vue par sa face supérieure.
  a. Le grand trou vertébral.
  b. Le corps de la vertèbre.
  c. L'apophyse épineuse.
  d d. Les apophyses transverses.
  e e. Les facettes par lesquelles le corps de cette vertèbre s'articule avec les têtes des deux sixièmes côtes.

Fig. 16. Les deux dernières vertèbres dorsales réunies.

   a. Le corps de la onzième vertèbre dorsale.

   b. Celui de la douzième.

   c. L'apophyse épineuse de la onzième.

   d. Celle de la douzième.

   e. Le trou de conjugaison qui existe entre ces deux vertèbres.

   f. L'échancrure qui concourt à la formation du trou de conjugaison suivant.

   g. L'apophyse articulaire inférieure de la douzième vertèbre dorsale.

Fig. 17. Les mêmes vertèbres, vues par-derrière.

   aa. Les lames de la onzième vertèbre dorsale.

   bb. Celles de la douzième.

   c. L'apophyse épineuse de la onzième.

   d. Celle de la douzième.

   ee. Les apophyses transverses de la onzième.

   ff. Les apophyses articulaires inférieures de la douzième.

Fig. 18. Vertèbre dorsale, vue par-devant.

   a. Le corps de la vertèbre.

   bb. Ses lames.

Fig. 19. Deux vertèbres dorsales réunies.

   ab. Leurs corps.

   cd. Leurs apophyses épineuses.

   e. Echancrure pour le trou de conjugaison.

   f. Facette par laquelle l'apophyse transverse s'articule avec la tubérosité de la côte correspondante.

   g. Demi-facette par laquelle le corps de la vertèbre s'articule avec la tête de la côte correspondante.

Fig. 20. Les mêmes vertèbres, vues par-derrière.

Fig. 21. Les mêmes vertèbres, vues par-devant.

   ab. Leurs corps.

   ccdd. Leurs apophyses transverses.

   ee. Les échancrures pour les trous de conjugaison correspondans.

PLANCHE XII.

Fig. 1. Vertèbre lombaire, vue par sa face supérieure.

   a. Le corps de la vertèbre.

   b. Le grand trou vertébral.

   c. L'apophyse épineuse.

   dd. Les apophyses transverses.

   ee. Les apophyses articulaires inférieures.

   ff. Les apophyses articulaires supérieures.

Fig. 2. La même vertèbre, vue de côté.

   a. Le corps.

   b. L'apophyse épineuse.

   c. L'apophyse articulaire inférieure.

   d. Les apophyses transverse et articulaire supérieure.

Fig. 3. La même vertèbre, vue par sa face supérieure.

   a. Le corps.

   b. Le grand trou vertébral.

   cc. Les apophyses transverses.

   dd. Les apophyses articulaires supérieures.

   e. L'apophyse épineuse.

   ff. Les lames.

   gg. Les masses transversales.

Fig. 4. La même vertèbre, vue de face.

   a. Le corps de la vertèbre.

   bb. Les apophyses transverses.

Fig. 5. Deux vertèbres lombaires réunies.

   ab. Leurs corps.

   cd. Leurs apophyses épineuses.

   e. Le trou de congugaison qui résulte de leur jonction.

   f. L'apophyse articulaire supérieure de la première d'entr'elles.

   g. L'apophyse articulaire inférieure de la seconde.

Fig. 6. Les mêmes vertèbres lombaires réunies et vues par-derrière.

a. L'apophyse épineuse de la première
d'entr'elles.

b. Ouverture par laquelle on voit une
portion du corps de la seconde.

c. L'apophyse épineuse de la seconde.

d d. Les apophyses transverses de la première.

e c. Celles de la seconde.

ff. Les apophyses articulaires inférieures de cette dernière.

g g. La partie inférieure de son corps.

h i h i. Jonction des apophyses articulaires
correspondantes de ces deux vertèbres.

Fig. 7. Le sacrum, vu par sa partie supérieure
ou par sa base.

a. Orifice supérieur du canal sacré.

b. Facette par laquelle cet os s'articule
avec la dernière vertèbre lombaire.

c. La première de ses fausses apophyses
épineuses.

d d. Surfaces recouvertes par les ligamens
sacro-iliaques antérieurs, et conti-
nues avec la fosse iliaque.

e. Son extrémité inférieure ou son
sommet.

Fig. 8. Le sacrum, vu par sa face antérieure ou
pelvienne.

a. Sa base, qui s'articule avec la dernière vertèbre lombaire.

b. Son sommet, qui s'articule avec le
coccyx.

c c c c. Les trous sacrés antérieurs.

Fig. 9. Le sacrum, vu par-derrière.

a. L'orifice supérieur du canal sacré.

b b b. Les fausses apophyses épineuses de
l'os.

c c c. Les trous sacrés postérieurs.

d. L'orifice inférieur du canal sacré.

e. Le sommet de l'os.

ff. Les facettes articulaires par lesquelles
le sacrum est uni aux apophyses
articulaires de la cinquième vertèbre des lombes.

g g. Insertion des ligamens destinés à la
symphyse sacro-iliaque.

Fig. 10. Le sacrum, vu de côté.

a. La facette par laquelle cet os s'articule avec l'os coxal.

b b b. Ses fausses apophyses épineuses.

c. Son sommet, par lequel il s'articule
avec le coccyx.

Fig. 11. Le coccyx, vu par-devant.

a. La facette articulaire à l'aide de laquelle il est uni au sommet du
sacrum.

b b. Les cornes du coccyx.

c d e. Ses dernières fausses vertèbres isolées.

Fig. 12. Le coccyx, vu par-derrière.

N. B. Les lettres ont la même valeur que dans la figure précédente.

Fig. 13. Le coccyx, vu par le côté.

a b c d. Chacune des pièces dont il est
composé.

PLANCHE XIII.

Le thorax de l'homme vu par-devant.

a. La première pièce du sternum.

b c d e. Chacune des pièces suivantes de
cet os.

f. L'appendice xiphoïde.

g g. La première paire de côtes.

h h. Les cartilages sterno-costaux de
la première paire.

i i. La seconde paire de côtes.

j j. Ses cartilages sterno-costaux.

k k k k. Les paires de vraies côtes suivantes.

l l l l. Leurs cartilages sterno-costaux.

m m m m. Les premières paires de fausses
côtes.

o o o o. Leurs cartilages de prolongement.

pppp. La onzième paire de côtes.
qq. La douzième et dernière paire
   de côtes, ou côtes flottantes.
rrrrrr. Les espaces intercostaux.
  s. Le corps de la douzième vertèbre dorsale.

PLANCHE XIV.

Le thorax de l'homme vu par-derrière.
A A. La série des douze vertèbres dorsales.
  a a. La première paire de côtes.
  bb. La seconde paire de côtes.
  cccc. Les vraies côtes des troisième,
   quatrième, cinquième, sixième
   et septième paires.
dddd. Les fausses côtes.

PLANCHE XV.

Fig. 1. Le sternum vu par sa face antérieure.
  abcdef. Chacune des pièces dont cet os
   est composé.
   g. L'appendice xiphoïde.
  hhhh. Les angles rentrans, formés par
   l'articulation de ses pièces osseuses.
Fig. 2. Le sternum vu de profil.
  a. Son extrémité supérieure.
  b. La facette par laquelle il s'articule
   avec la clavicule.
  ccccc. Les facettes qui reçoivent l'extrémité des cartilages de prolongement des côtes.
  d. L'appendice xiphoïde.
Fig. 3. Le sternum vu par sa face postérieure ou
  médiastine.
  a. La première de ses pièces osseuses.
bcdef. Chacune des pièces suivantes.
  g. L'appendice xiphoïde.
hhhh. Les facettes qui reçoivent les cartilages de prolongement des
   vraies côtes.

i i. Les facettes qui s'articulent avec
  les clavicules.
Fig. 4. La série des côtes du côté gauche, vues
  par dedans.
  aaaaaa. Le corps de ces côtes.
  bbbbbb. Les espaces intercostaux.
  cccccc. Les têtes de ces côtes, et la facette par laquelle elles s'articulent avec les corps des vertèbres dorsales.
  ddddd. Leurs tubérosités.
  eeeee. Les facettes par lesquelles elles
   s'articulent avec les apophyses
   transverses des vertèbres dorsales.
  fffff. Leur col.
Fig. 5. Une côte gauche isolée.
  a. Sa tête.
  b. Son col.
  c. Sa tubérosité.
  d. La facette double par laquelle la tête
   est unie au corps de deux vertèbres
   dorsales.
  e. Celle qui s'articule avec l'apophyse
   transverse correspondante.
  f. Le bord supérieur de la côte.
  g. Le bord inférieur avec sa gouttière.
  hh. Le corps de la côte.
  i. Son extrémité antérieure ou sternale.
Fig. 6. La première côte gauche.
  a. Sa tête.
  b. Sa tubérosité.
  c. Son col.
  d. Son corps.
  e. Son extrémité sternale.
Fig. 7. Les deux dernières côtes du côté gauche.
  a. La onzième.
  b. La douzième, ou côte flottante.

PLANCHE XVI.

Fig. 1. La série des côtes gauches, vue en dehors
  et par-derrière.

1, 2, 3, 4, 5, 6, 7, 8, 9, 10, 11, 12. La tête de chacune de ces douze côtes.

a a a a. Les espaces intercostaux.

Fig. 2. La série des douze côtes gauches vues en dehors et par-devant.

1, 2, 3, 4, 5, 6, 7, 8, 9, 10, 11, 12. Chacune de ces côtes dans son ordre numérique.

a a a a a. Les espaces intercostaux.

Fig. 3. La seconde côte vue par sa face externe.

a. Sa tête.

b. Son col.

c. Sa tubérosité.

d. La trace de son angle.

e g. Les deux portions de son corps séparées par l'angle.

f. Son extrémité antérieure.

Fig. 4. Les deux premières côtes isolées.

a a'. Leurs têtes.

b b'. Leurs tubérosités.

c c'. Leurs cols.

d d'. Leurs corps.

e. Saillie du bord interne de la première côte.

Fig. 5. La première côte isolée et vue par-dessous.

a. Sa tête.

b. Son col.

c. Sa tubérosité.

d. Son bord externe.

e. Son bord interne.

f. La face inférieure de son corps.

Fig. 6. La onzième côte isolée.

a. Sa tête.

b. Son col.

c. Son corps.

d. Son extrémité antérieure.

PLANCHE XVII.

Fig. 1. Tête d'un centenaire, dont toutes les dents sont tombées et où la déforma-

tion consécutive des mâchoires est on ne peut plus évidente.

Fig. 2. Tête d'un individu de la race caucasienne.

Fig. 3. Tête d'un individu de la race éthiopienne.

Fig. 4. Tête d'un loup.

Fig. 5. Tête d'un orang-outang.

PLANCHE XVIII.

Fig. 1. La tête osseuse d'un homme adulte vue de face.

a. L'os frontal ou coronal.

b b. Les bosses frontales ou coronales.

c c c. La suture fronto-pariétale.

d d. L'angle antérieur et inférieur des os pariétaux, articulé avec le sphénoïde, le frontal et le temporal.

e e. Les arcades sourcilières.

f f. Une partie de la portion écailleuse des temporaux.

g g. L'extrémité des grandes ailes du sphénoïde.

h h. Les apophyses orbitaires externes du frontal articulées avec l'os malaire.

i i. L'angle supérieur des os malaires.

k. La bosse nasale.

j j. La face externe des os malaires.

l l. Les deux os propres du nez.

m m. Les apophyses montantes des os maxillaires supérieurs.

n n. Les bords latéraux de l'ouverture antérieure des fosses nasales.

o o. Les trous sous-orbitaires.

p. La fente sphénoïdale, au-dessous de laquelle on voit la fente sphéno-maxillaire.

q. L'orifice antérieur du trou optique.

r r. Les fosses canines.

s. La jonction des deux os maxillaires supérieurs.

tttttt. Les huit dents incisives.

uuuu. Les quatre dents canines.

vvvvv. Les huit petites molaires.

xxxx. La première grosse molaire de chacun des côtés de chaque mâchoire.

y. La symphyse du menton.

χχ. Les trous mentonniers.

A A. Les angles de la mâchoire inférieure.

Fig. 2. La tête osseuse d'un homme adulte vue par-derrière.

a. L'os occipital.

b b. Les deux lignes courbes supérieures de cet os.

cc. Ses deux lignes courbes inférieures.

d. La protubérance occipitale externe.

ee. La suture lambdoïde avec ses os wormiens.

f. Un des os wormiens d'un plus grand volume que les autres.

g. L'extrémité postérieure de la suture sagittale.

hh. Les trous pariétaux.

ii. Les os pariétaux.

j. L'apophyse mastoïde.

kk. Les ailes externes des apophyses ptérygoïdes.

ll. Le crochet qui termine les ailes internes des mêmes apophyses, et sur lequel vient se contourner le muscle péristaphylin externe.

m. Le bord postérieur du vomer, séparant l'un de l'autre les orifices gutturaux des fosses nasales.

nn. Les apophyses styloïdes.

oo. Les condyles de l'occipital.

pp. Les apophyses géni.

qq. Les angles de la mâchoire inférieure.

r. L'entrée du canal dentaire inférieur.

s. Le trou palatin antérieur.

t t. Les lignes myloïdiennes.

u. L'épine nasale postérieure.

PLANCHE XIX.

Fig. 1. La tête d'un homme adulte vue de profil.

a. L'os frontal ou coronal.

b. La bosse nasale.

c c. La suture fronto-pariétale.

dd. L'os pariétal.

f. Le processus temporal de l'os frontal.

g. L'extrémité de la grande aile du sphénoïde.

h. La portion squameuse de l'os temporal.

ii. L'arcade zygomatique.

j. L'apophyse styloïde.

k. Son apophyse vaginante.

l. Le conduit auriculaire ou auditif externe.

m. L'apophyse mastoïde.

n. La rainure digastrique.

oo. La portion mastoïdienne du temporal.

p. L'os occipital.

qq. La suture lambdoïde.

r. L'angle supérieur de l'os malaire.

s. L'apophyse orbitaire externe du frontal.

t. La face externe de l'os malaire.

u. Le trou sous-orbitaire.

v. La suture fronto-nasale.

x. L'os du nez.

y. L'apophyse montante de l'os maxillaire supérieur.

χ. La gouttière lacrymale.

A. L'os planum.

1. L'ouverture antérieure des fosses nasales.

2. L'épine nasale antérieure.

3. L'arcade alvéolaire supérieure.

4. L'arcade dentaire supérieure.

5. L'arcade dentaire inférieure.

6. La tubérosité maxillaire.

7. L'apophyse coronoïde de l'os maxillaire inférieur.

8. Le condyle du même os.

9. Le col de ce condyle.

10. La branche montante de l'os maxillaire inférieur.

11. Le corps du même os.

12. Le trou mentonnier.

Fig. 2. Coupe verticale de la tête de l'homme adulte.

a. La bosse nasale.

b. Le sinus frontal.

c. L'os frontal.

d. L'os pariétal.

e. La protubérance occipitale externe.

fff. Les sillons dans lesquels rampent les ramifications de l'artère méningée moyenne à la face interne du pariétal, et dont l'ensemble a souvent été appelé la *feuille de figuier.*

gg. La portion écailleuse du temporal.

h. L'apophyse clinoïde postérieure.

ii. Les conduits olfactifs creusés sur la lame perpendiculaire de l'ethmoïde.

jj. La face interne de l'os frontal.

k. L'os du nez.

l. La lame perpendiculaire de l'ethmoïde.

m. Le sinus sphénoïdal.

n. La selle turcique ou fosse pituitaire, ou fosse sus-sphénoïdale.

p. La face interne de la branche montante de l'os maxillaire inférieur.

q. La face interne ou linguale du corps du même os.

r. L'apophyse géni.

s. La symphyse du menton sciée.

t. L'arcade dentaire supérieure vue en dedans.

u. L'arcade dentaire inférieure également vue en dedans.

v. L'épine nasale antérieure.

x. L'angle de la mâchoire inférieure.

y. Le trou condylien antérieur.

z. L'apophyse palatine de l'os maxillaire supérieur.

1. La voûte du palais.

2. L'aile interne de l'apophyse ptérygoïde.

3. Son crochet terminal.

4. L'aile externe de la même apophyse.

5. Le vomer.

Fig. 3. La paroi externe des fosses nasales et leurs sinus.

a. Le sinus frontal.

b. Le sinus sphénoïdal.

c. Portion de l'os frontal.

d. L'apophyse crista-galli.

e. L'os du nez.

f. Le cornet supérieur.

g. Le cornet moyen.

h. L'apophyse montante de l'os maxillaire supérieur et l'entrée du sinus maxillaire supérieur.

i. Le cornet inférieur.

j. L'apophyse palatine de l'os maxillaire supérieur, avec une des branches du conduit palatin antérieur.

k. Face postérieure du corps du sphénoïde.

l. Apophyse ptérygoïde.

m. Portion de l'os occipital.

n. Trou condylien antérieur.

PLANCHE XX.

Fig. 1. Tête d'un Makæa de l'intérieur de l'Afrique, rapportée par M. Delalande.

Fig. 2. Tête d'un individu de la race mongole.

Fig. 3. Tête d'un Caraïbe. (*Race américaine.*)

Fig. 4. Autre tête de Caraïbe.

Fig. 5. Tête d'un habitant de la Nouvelle-Zélande. (*Race malaise.*)

Fig. 6. Tête d'un habitant des îles des Amis. (*Race malaise.*)

PLANCHE XXI.

Fig. 1. La voûte du crâne vue par dedans.

Fig. 2. La base du crâne.

    a. La fin de la crête coronale.

    b. Le trou borgne ou fronto-ethmoïdal.

    c. La lame criblée de l'os ethmoïde.

    d. L'apophyse crista-galli.

    ee. Les apophyses d'Ingrassias.

    ff. Les convexités correspondantes aux voûtes orbitaires.

    gg. Les trous optiques.

    hh. Les apophyses clinoïdes antérieures.

    i. La selle turcique.

    j. La lame du sphénoïde, qui la borne en arrière et qui supporte les deux apophyses clinoïdes postérieures.

    kk. Les gouttières pour les sinus caverneux.

    ll. Les trous maxillaires supérieurs ou grands ronds.

    mm. Les trous maxillaires inférieurs ou ovales.

    nn. Les trous petit rond ou sphéno-épineux.

    oo. Les trous déchirés antérieurs.

    p. Le conduit auditif interne.

    qq. Les trous déchirés postérieurs.

    r. Le grand trou occipital.

    s. La gouttière basilaire.

    t. Le trou mastoïdien.

    u. Le trou condylien antérieur.

    v. La crête occipitale interne.

PLANCHE XXII.

Fig. 1. Le crâne, vu de côté par dehors.

    aaaa. L'os frontal.

    b. La fosse nasale.

    cc. Le processus temporal de l'os frontal.

    d. L'apophyse orbitaire externe du frontal.

    e. L'épine nasale.

    ff. La suture fronto-pariétale.

    gg. Le processus temporal du pariétal.

    hh. L'os pariétal.

    i. La bosse pariétale.

    j. L'os occipital.

    k. La protubérance occipitale externe.

    ll. La portion squameuse du temporal.

    mn. Sa portion mastoïdienne.

    o. L'apophyse mastoïde.

    p. La rainure digastrique.

    q. La base du rocher.

    r. Le tubercule de la base de l'apophyse zygomatique.

    s. La racine supérieure de l'apophyse zygomatique.

    t. Le tubercule de l'apophyse zygomatique, auquel s'insère le ligament latéral externe de l'articulation temporo-maxillaire.

    u. L'apophyse zygomatique du temporal.

    vv. La base de l'apophyse ptérygoïde du sphénoïde et la grande aile de cet os.

    x. La suture qui résulte de la jonction de cette grande aile avec l'angle antérieur et inférieur du pariétal.

    y. Partie de la fosse temporale.

    z. La suture sphéno-temporale.

    w. Le conduit auriculaire ou auditif externe.

    1, 2, 3. L'une des masses latérales de l'ethmoïde.

    4. Portion de sa lame perpendiculaire.

    5. Sommet de l'apophyse zygomatique du temporal.

    6. Le crochet de son aile interne.

    7. Son aile externe.

Fig. 2. Le crâne vu en dessous et par dehors.

a a. Les bosses frontales ou coronales.

b b b b. Les arcades sourcilières.

c c. Les trous sus-orbitaires.

d d. La voûte orbitaire.

e. La bosse nasale.

f. L'échancrure nasale.

g g. Les angles antérieurs et inférieurs des pariétaux.

h h. Les cornets moyens de l'ethmoïde.

i. Le bord inférieur de la lame perpendiculaire de l'ethmoïde.

j j. La partie inférieure des masses latérales du même os.

k. La crête du sphénoïde.

l. La suture basilaire.

m m. Portion de la face inférieure de l'apophyse d'Ingrassias, en arrière et en dedans de laquelle on voit le trou optique et la partie la plus large de la fente sphénoïdale.

n. La suture fronto-sphénoïdale.

o o. Le trou ovale ou maxillaire inférieur.

p. La surface basilaire.

q q. Les condyles occipitaux.

r. Le grand trou occipital.

s. La crête occipitale externe.

t. La protubérance occipitale externe.

u u. Les trous mastoïdiens.

v v. Les lignes courbes supérieures de l'occipital.

x x. Les lignes courbes inférieures du même os.

y. Lieu où l'occipital éprouve une courbure pour se porter de la base à la voûte du crâne.

ꝫ ꝫ. Les apophyses mastoïdes et la portion mastoïdienne des temporaux.

1, 1. Les trous stylo-mastoïdiens.

2, 2. La petite cavité qui reçoit la base de l'apophyse styloïde.

3, 3. Les trous déchirés postérieurs.

4, 4. Les conduits auriculaires ou auditifs externes.

5, 5. Le sommet des apophyses zygomatiques.

6, 6. Leur racine transverse.

7, 7. Partie de la portion écailleuse des temporaux.

8, 8. Les ailes externes des apophyses ptérygoïdes.

9, 9. Les trous petits ronds ou sphéno-épineux.

10, 10. Le sommet du rocher avec l'orifice supérieur du canal carotidien, dont l'orifice inférieur se voit plus en arrière et en dehors.

PLANCHE XXIII.

Fig. 1. La mâchoire inférieure de l'homme adulte, vue de face.

a a. Le corps de la mâchoire.

b b. Ses branches montantes.

c. L'apophyse du menton.

d. La symphyse du menton.

e e. Les trous mentonniers.

f f. La base de la mâchoire.

g g. Les angles de la mâchoire.

h h. Ses condyles.

i i. Les apophyses coronoïdes.

j j. Le col des condyles.

k k k. L'arcade alvéolaire inférieure.

Fig. 2. La mâchoire inférieure de l'homme adulte, vue par-derrière.

a a. Le corps de la mâchoire.

b b. Ses branches montantes.

c c. Les lignes myloïdiennes.

d d. Les quatre apophyses géni.

e e. Les orifices du canal dentaire.

f f. Les apophyses coronoïdes.

4

g g. Les condyles.

h h. Leur col.

i i. Les angles de la mâchoire.

j j. Le bord parotidien de l'os maxillaire inférieur.

k k. La base de la mâchoire.

l. La partie inférieure de la symphyse du menton.

Fig. 3. La mâchoire inférieure de l'homme adulte, vue de profil.

a. Le corps de la mâchoire.

b. L'apophyse du menton.

c. Le trou mentonnier.

d. La branche montante.

e. La base de la mâchoire.

f f. Son bord alvéolaire.

g g. Les apophyses coronoïdes.

h h. Les condyles.

i. Leur col.

j. Le bord parotidien de la mâchoire inférieure.

k. L'angle de la mâchoire inférieure.

Fig. 4. La mâchoire inférieure de l'homme adulte, représentée par sa face supérieure.

a a. Le corps de la mâchoire.

b. L'apophyse du menton.

c c. Les trous mentonniers.

d d. Les angles.

e. Les apophyses géni.

f f. Les condyles.

g g. Leur col.

h h. Les épines qui couvrent l'orifice du canal dentaire.

i i. Les alvéoles des dents.

Fig. 5. La mâchoire inférieure de l'homme adulte, vue en dedans et de profil.

a. L'apophyse coronoïde.

b. Le condyle.

c. Son col.

d. L'angle de la mâchoire.

e. Les insertions du muscle ptérygoïdien interne.

f. L'entrée du canal dentaire.

g. Le corps de la mâchoire.

h. Sa base.

i. Le bord alvéolaire.

j. La symphyse du menton sciée.

Fig. 6. Trajet du canal dentaire au-dessous du sommet des alvéoles des dents.

a a a. Le canal dentaire.

Fig. 7. Mâchoire inférieure d'un vieillard.

a. Son corps.

b. L'apophyse du menton très-saillante.

c c. Les apophyses coronoïdes.

d. L'angle.

e. La branche montante presque verticale.

f f. Les condyles redressés.

g. Le bord parotidien presque vertical.

h. Le trou mentonnier remonté près du bord alvéolaire, dont les cavités sont effacées.

Fig. 8. Mâchoire inférieure d'un fœtus à terme, divisée en deux pièces.

a a. Les condyles très-repoussés en arrière.

b b. Les apophyses coronoïdes peu développées.

c c. Le bord alvéolaire.

Fig. 9. La mâchoire inférieure d'un fœtus à terme, vue de profil.

a. Le condyle dirigé presque horizontalement en arrière.

b. L'apophyse coronoïde peu saillante.

c. Le corps de l'os.

d. L'angle très-ouvert, parce que la branche montante est presque horizontale.

PLANCHE XXIV.

Fig. 1. Pariétal vu par la face péricrânienne ou externe.

a. Bosse pariétale.

b. Trou pariétal.

c c. Surface taillée en biseau pour former la suture squameuse, en s'unissant à une surface analogue du temporal.

d. Angle antérieur et inférieur, dont le sommet s'unit avec la grande aile correspondante du sphénoïde.

e. Bord antérieur ou coronal, articulé avec l'os frontal pour la suture fronto-pariétale.

f. Bord supérieur articulé avec l'autre pariétal pour la suture sagittale.

g. Bord postérieur articulé avec l'occipital pour la suture lambdoïde.

h. Angle postérieur et inférieur articulé avec la portion mastoïdienne du temporal.

Fig. 2. Pariétal vu par la face interne ou cérébrale.

a. Trou pariétal.

b b b b. Sillons ramifiés, désignés sous le nom de *feuille de figuier.*

c. Petit canal qui loge le tronc de l'artère.

d d. Bord supérieur articulé avec l'autre pariétal pour la suture sagittale.

e. Bord postérieur ou occipital.

f. Angle antérieur et inférieur ou sphénoïdal.

g. Bord inférieur ou temporal.

h. Bord antérieur ou coronal.

Fig. 3. Occipital vu par sa face péricrânienne.

a. Grand trou occipital.

b b. Condyles occipitaux.

c. Surface basilaire ou angle inférieur.

d d. Les deux bords supérieurs articulés avec les pariétaux pour la suture lambdoïde.

e e. Angles latéraux.

f f. Apophyse jugulaire articulée avec le temporal.

h. Protubérance occipitale externe.

g g. Lignes courbes supérieures.

i i. Surfaces destinées à des insertions musculaires.

Fig. 4. Occipital vu par sa face cérébrale.

a. Orifice interne du grand trou occipital.

b. Surface par laquelle le sommet de l'apophyse basilaire s'unit à la face postérieure du corps du sphénoïde.

c. Crête occipitale interne, donnant attache à la faulx du cervelet.

d d. Trous condyliens antérieurs livrant passage aux nerfs hypoglosses.

e e. Gouttières latérales qui logent le commencement des sinus latéraux de la dure-mère.

f. Protubérance occipitale interne correspondant au confluent des sinus de la dure-mère.

g. Angle supérieur.

h h. Bords supérieurs concourant à la formation de la suture lambdoïde.

i i. Angles latéraux.

j j. Fosses occipitales supérieures ou cérébrales postérieures.

k k. Fosses occipitales inférieures ou cérébelleuses.

l l. Trous condyliens postérieurs.

Fig. 5. Portion inférieure de la face externe de l'occipital, vue de face.

a. Orifice externe du grand trou occipital.

b b. Condyles occipitaux.

d. Apophyse basilaire.

e e. Trous condyliens postérieurs.

f f g. Surface basilaire donnant attache aux muscles grands et petits droits antérieurs de la tête.

h h. Apophyses jugulaires.

i i. Angles latéraux.

j j. Moitié supérieure des bords latéraux.

k k. Lignes courbes.

l. Crête occipitale externe.

Fig. 6. Occipital vu de profil.

a. Apophyse basilaire.

b. Condyle.

c. Face externe de l'os.

d. Protubérance occipitale externe.

e. Angle supérieur.

f. Bord supérieur servant à la formation de la suture lambdoïde.

PLANCHE XXV.

Fig. 1. Sphénoïde vu par sa face supérieure.

a a. Les petites ailes ou apophyses d'Ingrassias.

b b. Gouttières superficielles, sur lesquelles glissent les nerfs olfactifs.

c c. Apophyses clinoïdes antérieures.

d d. Gouttière correspondant au carré des nerfs optiques.

e e. Trous optiques.

f. Selle turcique ou fosse pituitaire.

g g. Apophyses clinoïdes postérieures.

i i. Grandes ailes du sphénoïde.

j j. Trous grands ronds ou maxillaires supérieurs.

k k. Trous ovales ou maxillaires inférieurs.

l l. Trous petits ronds ou sphéno-épineux.

m m. Epines du sphénoïde.

n n. Bord externe des grandes ailes articulé avec le temporal.

o o. Extrémité des grandes ailes articulée avec l'angle antérieur et inférieur du pariétal.

Fig. 2. Sphénoïde vu par sa face antérieure.

a a. Face inférieure des petites ailes, avec orifice correspondant du trou optique.

b b. Entrée des sinus sphénoïdaux.

c c. Trou ovale ou maxillaire inférieur.

d d. Trou petit rond ou sphéno-épineux.

e e. Epines du sphénoïde.

f f. Surface quadrilatère faisant partie de la paroi externe de l'orbite.

g g. Extrémité des grandes ailes.

h. Partie postérieure du corps de l'os.

Fig. 3. Sphénoïde vu par sa face antérieure.

a a. Les orifices des sinus sphénoïdaux.

b b. Des apophyses clinoïdes postérieures.

c c. Petites ailes ou apophyses d'Ingrassias.

d d. Leur extrémité, bornant en haut l'entrée de la fente sphénoïdale ou orbitaire supérieure.

e e. Ailes internes des apophyses ptérygoïdes.

f f. Ailes externes des mêmes apophyses.

g g. Trou grand rond ou maxillaire supérieur.

h h. Corps des apophyses ptérygoïdes.

i i. Extrémités des grandes ailes.

Fig. 4. Sphénoïde vu par sa face postérieure.

a. Crête moyenne de la face inférieure de son corps.

b. Surface articulée avec l'apophyse basilaire.

c c. Apophyses clinoïdes postérieures.

d d. Petites ailes ou apophyses d'Ingrassias.

e e. Leur sommet et l'entrée de la fente sphénoïdale ou orbitaire supérieure.

f f. Extrémité des grandes ailes.

g g. Ailes externes des apophyses ptérygoïdes.

h h. Ailes internes des mêmes apophyses.

N. B. Entr'elles et les ailes externes on voit la fosse ptérygoïdienne.

Fig. 5. Sphénoïde vu par sa face supérieure, après que la paroi supérieure des sinus sphénoïdaux a été enlevée, afin de mettre ceux-ci à découvert et de manière à laisser apercevoir leur cloison et leurs orifices.

a a. Petites ailes ou apophyses d'Ingrassias.

b b. Face cérébrale des grandes ailes.

c c. Orifices des sinus sphénoïdaux.

d d. Trous maxillaires supérieurs ou grands ronds.

e e. Trous ovales ou maxillaires inférieurs.

f f. Trous petits ronds ou sphéno-épineux.

g g. Epines du sphénoïde.

h h. Apophyses clinoïdes postérieures.

Fig. 6. L'une des faces latérales du sphénoïde.
- *a.* Portion de cette face qui entre dans la composition de la fosse temporale.
- *b.* Aile externe de l'apophyse ptérygoïde.
- *c.* Apophyse clinoïde postérieure.
- *d.* Apophyse clinoïde antérieure.
- *e.* Face postérieure de la lame carrée.
- *f.* Fosse pituitaire.
- *g.* Partie qui s'articule avec l'apophyse basilaire.
- *h.* Epine sphénoïdale.

Fig. 7. Sphénoïde d'un fœtus à terme vu par sa face supérieure.
- *a.* Le corps.
- *b b.* Les grandes ailes.

Fig. 8. Sphénoïde d'un fœtus à terme vu par sa face postérieure.
- *a.* Face inférieure du corps de l'os.
- *b b.* Grandes ailes.

Fig. 9. Sphénoïde d'un fœtus à terme vu par sa face inférieure.
- *a.* Le corps.
- *b b.* Les grandes ailes.

Fig. 10. Cornet sphénoïdal vu par sa face supérieure.
- *a.* Son extrémité antérieure.
- *b.* Son extrémité postérieure.

Fig. 11. Le même os vu par sa face inférieure.
- *a.* Son extrémité antérieure.
- *b.* La postérieure.

Planche XXVI.

Fig. 1. Le temporal vu par sa face externe.
- *a a.* Portion squameuse ou écailleuse du temporal.
- *b.* Sommet du rocher.
- *c.* Portion mastoïdienne.
- *d.* Sommet de l'apophyse zygomatique.
- *e.* Inégalités par lesquelles elle s'articule avec l'os de la pommette.
- *f.* Son tubercule.

- *g.* Sa base.
- *h i.* Ses racines supérieures ou temporales.
- *j.* Apophyse mastoïde.
- *k k.* Deux trous mastoïdiens.
- *l.* Orifice du conduit auriculaire ou auditif externe.
- *m.* Lame osseuse qui ferme ce conduit inférieurement.
- *n.* Apophyse styloïde.
- *o.* Inégalités contribuant à former la suture occipito-mastoïdienne.
- *p.* Bord articulé avec le pariétal, pour la formation de la suture squameuse ou écailleuse.

Fig. 2. Le temporal vu par sa face interne ou cérébrale.
- *a.* Portion squameuse ou écailleuse.
- *b b b b.* Bord destiné à l'articulation de cette portion avec le pariétal et le sphénoïde.
- *c.* Face cérébrale de la portion mastoïdienne.
- *d d.* Bord inégal destiné à s'articuler avec l'occipital et l'angle postérieur et inférieur du pariétal.
- *e e.* Base du rocher.
- *f.* Conduit auditif interne ou labyrinthique.
- *g.* Sommet du rocher.

Fig. 3. Le temporal vu par sa face inférieure.
- *a.* L'apophyse zygomatique.
- *b.* Son sommet.
- *c.* Le tubercule de sa base.
- *d.* Le trou mastoïdien.
- *e.* Fosse jugulaire.
- *f.* Orifice inférieur du canal carotidien.
- *g.* Son orifice supérieur au sommet du rocher.
- *h.* Le sommet du rocher.

Fig. 4. Face externe du temporal d'un fœtus à terme.
- *a.* Portion squameuse.

b. Portion mastoïdienne.

c. Base de l'apophyse zygomatique.

d. Son sommet.

e. Le rocher.

f. Le conduit auriculaire ou auditif externe avec son cadre.

g. Le sommet du rocher.

Fig. 5. L'ethmoïde vu par sa face supérieure ou cérébrale.

    a. La lame criblée.

    b b. Les masses latérales.

    c. L'apophyse crista-galli.

    d. L'extrémité du bord antérieur de la lame perpendiculaire.

    e e. Les extrémités antérieures des masses latérales.

    ff. Leurs extrémités postérieures.

Fig. 6. L'ethmoïde vu par sa face inférieure ou nasale.

    a a. La lame criblée.

    b b b b. Les masses latérales.

    c c. La lame perpendiculaire.

    d d. Les cornets moyens des fosses nasales.

Fig. 7. L'ethmoïde vu par sa face antérieure.

    a. Les petits crochets de l'apophyse crista-galli.

    b. L'apophyse crista-galli.

    c. La lame perpendiculaire.

    d d. L'os planum.

    e f. Lames et cellules ethmoïdales antérieures.

Fig. 8. Le même os vu par sa face inférieure.

    a. Les petits crochets de l'apophyse crista-galli.

    b. Le sommet de cette apophyse elle-même.

    c. La lame perpendiculaire avec les gouttières qui la séparent à droite et à gauche des masses latérales.

    d d. Partie antérieure des masses latérales.

e c. Extrémité postérieure des cornets moyens.

Fig. 9. L'os ethmoïde vu par l'un de ses côtés.

    a. Surface lisse, dite *os planum*, et faisant partie de la paroi interne de l'orbite.

    b. Apophyse crista-galli.

    c. Cornet moyen.

    d. Partie du méat supérieur des fosses nasales.

Fig. 10. L'ethmoïde privé de l'une de ses masses latérales.

    a. L'une des faces latérales de la lame perpendiculaire.

    b b b b. Orifices inférieurs des canaux olfactifs appartenant à la cloison des fosses nasales.

    c. Apophyse crista-galli.

    d. Extrémité postérieure du cornet moyen, au-dessus duquel on voit une portion du méat et du cornet supérieurs des fosses nasales.

Fig. 11. Face interne de l'une des masses latérales de l'ethmoïde.

    a. Portion aplatie de l'os situé au-devant du cornet supérieur.

    b c. Crin passé dans les cellules ethmoïdales antérieures, dont on voit l'orifice inférieur dans le méat supérieur, au-dessous du cornet supérieur.

    c d. Autre crin passé dans les cellules ethmoïdales antérieures, dont l'entrée ou *infundibulum* est cachée par le cornet moyen.

    f. Cornet supérieur des fosses nasales.

Fig. 12. Les cellules ethmoïdales mises à découvert par suite de l'enlèvement de l'*os planum*.

    a. Apophyse crista-galli.

PLANCHE XXVII.

Fig. 1. L'os maxillaire supérieur vu par sa face externe.

a. Apophyse montante, derrière laquelle on aperçoit une partie de la gouttière lacrymale.

b. Epine nasale. Entr'elle et l'apophyse montante on voit un bord libre, échancré, qui fait partie du contour de l'ouverture antérieure des fosses nasales.

c. Apophyse malaire articulée avec l'os de la pommette.

d. Fosse canine et orifice inférieur du canal sous-orbitaire.

e. Tubérosité maxillaire.

f. Bord alvéolaire.

g. Surface plane faisant partie du plancher de l'orbite.

Fig. 2. L'os maxillaire supérieur vu par sa face interne.

a. L'apophyse montante.

b. Une crête qui s'articule avec le cornet inférieur.

c. Epine nasale.

d. Surface faisant partie de la voûte du palais.

e. Bord interne de l'apophyse palatine articulé avec l'os maxillaire supérieur du côté opposé.

f. Entrée du sinus maxillaire supérieur ou antre d'Hyghmor.

h. Bord alvéolaire.

Fig. 3. Le même os maxillaire supérieur vu par sa face supérieure.

Fig. 4. L'os maxillaire supérieur vu par sa face inférieure.

Fig. 5. Les cavités de l'os maxillaire supérieur ouvertes.

a. Apophyse montante.

b. Epine nasale.

c. Surface orbitaire.

d. Sinus maxillaire supérieur ouvert, par suite de l'enlèvement de sa paroi externe *e.*

Fig. 6. Face externe de l'os maxillaire supérieur d'un fœtus à terme.

Fig. 7. Os maxillaire supérieur d'un vieillard depuis long-temps privé de dents et vu par sa face inférieure.

a. Apophyse montante.

b. Apophyse malaire.

c. Apophyse palatine.

d. Bord alvéolaire dont les cavités sont oblitérées.

Fig. 8. Os de la pommette vu par sa face externe.

a, Trou malaire.

b. Angle supérieur articulé avec l'apophyse orbitaire externe du frontal.

c. Angle postérieur articulé avec le sommet de l'apophyse zygomatique du temporal.

d. Angle inférieur articulé avec l'apophyse malaire de l'os maxillaire supérieur.

e. Angle antérieur articulé avec ce dernier os aussi.

Fig. 9. Le même os vu par sa face interne.

a. Angle supérieur.

b. Angle antérieur.

c. Angle postérieur.

d. Angle inférieur.

e. Surface orbitaire et trou malaire.

Fig. 10. Le même os vu par sa face supérieure ou orbitaire.

Fig. 11. L'os unguis vu par sa face externe.

Fig. 12. Le même, vu par sa face interne.

Fig. 13. L'os de la pommette d'un fœtus à terme et vu par sa face externe.

Fig. 14. L'os du palais vu par sa face externe, chez un adulte.

Fig. 15. Le même os pris également chez un adulte et vu par sa face interne ou nasale.

Fig. 16. Le même os vu par son bord antérieur.

Fig. 17. Le même os vu par son bord postérieur.

Fig. 18. Le même os vu en dessus.

Fig. 19. Le même os vu par-dessous.

Fig. 20. Le même os chez un fœtus à terme et vu par sa face interne.

Fig. 21. Le cornet inférieur vu par sa face interne.

Fig. 22. Le même os vu par sa face externe.

Fig. 23. Le même os vu par son extrémité antérieure.

Fig. 24. Le cornet inférieur d'un fœtus à terme.

Fig. 25. Le vomer vu de côté.

Fig. 26. Le même os vu par ses bords supérieur et antérieur.

Fig. 27. Le vomer d'un fœtus à terme.

Fig. 28. L'os propre du nez, vu par sa face externe ou cutanée.

Fig. 29. Le même os vu par sa face interne ou pituitaire.

PLANCHE XXVIII.

Fig. 1. Les deux mâchoires dans leur position naturelle et vues de profil.

La paroi externe des alvéoles a été enlevée de manière à permettre de voir la disposition des racines des dents dans l'intérieur de ces cavités.

a. Arcade dentaire supérieure.

b. Arcade dentaire inférieure.

c. Apophyse du menton.

d. Corps de la mâchoire inférieure.

e. Trou mentonnier.

f. Epine nasale.

f'. Apophyse coronoïde de la mâchoire inférieure.

g. Condyle de cet os.

h. Apophyse montante de l'os de la mâchoire supérieure.

h'. Angle de la mâchoire inférieure.

i. L'os de la pommette.

j. Son angle zygomatique ou postérieur.

1, 1. La dernière dent molaire.

2, 2, 2, 2. Les deux dents grosses molaires qui la précèdent immédiatement.

3, 3, 3, 3. Les deux petites molaires.

4, 4. Les canines.

5, 5, 5, 5. Les dents incisives.

Fig. 2. La mâchoire supérieure vue en dessous.

a a. L'os de la pommette.

b b. Apophyses montantes des os maxillaires supérieurs.

c c. Epines nasales antérieures.

d d. Fosses canines et trous sous-orbitaires.

e. Trou palatin antérieur.

f f. Voûte palatine, dans sa portion qui appartient aux os maxillaires supérieurs.

g g. Voûte palatine, dans sa portion qui appartient aux os du palais.

h. Epine nasale postérieure.

i i. Tubérosités pyramidales des os du palais.

j j. Angles zygomatiques ou postérieurs des os de la pommette.

1, 1. Dents incisives supérieures, d'un côté seulement.

2, 2. La dent canine et la première petite molaire.

3, 3, 3. La seconde petite molaire et les deux grosses molaires qui la suivent.

4. La dernière molaire ou dent de sagesse.

Fig. 3. La mâchoire inférieure, vue avec ses dents par sa région supérieure.

a. Apophyse du menton.

b b. Corps de l'os.

c c. Origine des apophyses coronoïdes.

d d. Condyles.

Fig. 4. La mâchoire inférieure d'un fœtus à terme, avec le développement des follicules des dents.

Fig. 5. Les premiers rudimens des dents chez un fœtus d'environ quatre à cinq mois.

a a. Rangée des follicules dentaires d'un côté seulement.

b b. Germe osseux des incisives.

c c. Germes osseux des molaires.

Fig. 6. Incisive moyenne d'un adulte, vue par sa face antérieure.

Fig. 7. La même dent vue par sa face postérieure.

Fig. 8. La même, vue de profil.

Fig. 9. Incisive supérieure latérale d'un adulte, vue par sa face antérieure.

Fig. 10. La même, vue par sa face postérieure.

Fig. 11. La canine supérieure d'un adulte, vue de face.

Fig. 12. La même dent vue par-derrière.

Fig. 13. La première petite molaire supérieure d'un adulte.

Fig. 14. La seconde petite molaire supérieure d'un adulte.

Fig. 15. La première grosse molaire supérieure d'un adulte.

Fig. 16. La seconde grosse molaire supérieure d'un adulte.

Fig. 17. La troisième grosse molaire supérieure d'un adulte.

Fig. 18. Incisive moyenne inférieure d'un adulte, vue de face.

Fig. 19. La même dent vue par-derrière.

Fig. 20. La même dent vue de profil.

Fig. 21. Incisive latérale inférieure d'un adulte, vue de face.

Fig. 22. La même dent vue par-derrière.

Fig. 23. La canine inférieure d'un adulte, vue de face.

Fig. 24. La même dent vue par-derrière.

Fig. 25. La première petite molaire inférieure d'un adulte.

Fig. 26. La seconde petite molaire inférieure d'un adulte.

Fig. 27. La première grosse molaire inférieure d'un adulte.

Fig. 28. La seconde grosse molaire inférieure d'un adulte.

Fig. 29. La troisième grosse molaire inférieure d'un adulte.

Fig. 30. La seconde molaire supérieure de lait.

Fig. 31. La première molaire supérieure de lait.

Fig. 32. La canine supérieure de lait.

Fig. 33. Une incisive latérale supérieure de lait.

Fig. 34. Une incisive supérieure moyenne de lait.

Fig. 35. Première dent molaire permanente inférieure complétement ossifiée.

Fig. 36. Ses deux racines étant sur le point d'être entièrement ossifiées.

Fig. 37. Les deux mêmes racines moins avancées dans leur développement.

Fig. 38. Les mêmes racines commençant à se développer au collet.

Fig. 39. L'espèce de calotte osseuse qui résulte de la réunion des cinq centres d'ossification de la couronne de la même dent.

Fig. 40. Les cinq points d'ossification de la couronne de cette dent, encore isolés les uns des autres.

Fig. 41. Seconde molaire inférieure de lait.

Fig. 42. Première molaire inférieure de lait.

Fig. 43. Canine inférieure de lait.

Fig. 44. Incisive latérale inférieure de lait.

Fig. 45. Incisive moyenne inférieure de lait.

Fig. 46. Première dent molaire supérieure permanente entièrement développée.

Fig. 47. Ses trois racines en partie ossifiées.

Fig. 48. Les mêmes, commençant à s'ossifier au collet.

Fig. 49. La calotte osseuse qui résulte de la réunion des cinq centres d'ossification de la couronne de la même dent.

Fig. 50. Les cinq centres d'ossification de la couronne.

Fig. 51. Coupe longitudinale d'une dent molaire, pour montrer la disposition de l'ivoire et de la cavité centrale.

Fig. 52. Coupe transversale d'une dent molaire.

Fig. 53. Pulpes d'une dent caduque et d'une dent permanente encore renfermées dans leurs membranes.

Fig. 54. Dent incisive temporaire développée, et connexions qu'elle a avec la pulpe de la dent permanente correspondante non développée encore.

Fig. 55. Coupe longitudinale d'une dent canine.

Fig. 56. Coupe longitudinale d'une dent incisive.

Fig. 57. Une des petites molaires de la mâchoire supérieure, entièrement développée.

Fig. 58. La même, à un état d'ossification moins avancé.

Fig. 59 et 60. La calotte osseuse formée par la réunion des deux centres de développement de la couronne de la même dent.

Fig. 61. Ces deux centres encore isolés.

PLANCHE XXIX.

Fig. 1. Bassin d'un homme adulte.
  a. Surface destinée à l'articulation du sacrum avec la dernière vertèbre lombaire.
  b b. Symphyses sacro-iliaques.
  c. Symphyse pubienne.
  d. Arcade pubienne.
  e e. Marge du bassin.

Fig. 2. Bassin d'une femme adulte.
  a. Dernière vertèbre lombaire.
  b b. Symphyses sacro-iliaques.
  c. Symphyse pubienne.
  d. Arcade pubienne, plus ouverte que dans l'homme.
  e e. Marge du bassin.
  f f. Trous ovales ou sous-pubiens.

Fig. 3. Coupe du bassin d'un homme adulte.
  a. Entrée du canal sacré.
  b c. Ligamens sacro-sciatiques.
  d. Surface articulaire du pubis.
  e. Épine pubienne.
  f. Tubérosité sciatique.

Fig. 4. Coupe du bassin d'une femme adulte.
  Les lettres ont la même signification que dans la figure précédente.

Fig. 5. Bassin d'un fœtus à terme.

Fig. 6. Coupe du même.

PLANCHE XXX.

Fig. 1. Bassin d'une femme bien conformée, avec les diamètres du détroit supérieur ou abdominal.
  a a. Diamètre transversal.
  b b. Diamètre antéro-postérieur.
  c c c c. Les deux diamètres obliques.

Fig. 2. Bassin d'une femme bien conformée, avec les diamètres du détroit inférieur ou périnéal.
  a a. Diamètre transversal.
  b. Diamètre antéro-postérieur.

Fig. 3. Bassin d'un mammifère.
  a. Os coxal.
  b. Trou ovale.
  c. Cavité cotyloïde.
  d. Coccyx ou os de la queue.

PLANCHE XXXI.

Fig. 1. La clavicule vue par sa face supérieure.
  a. Son extrémité interne ou sternale.
  b. Son extrémité acromiale ou externe.
  c d. Son corps.

Fig. 2. Le même os vu par sa face inférieure.
  a. Son extrémité sternale.
  b. Son extrémité acromiale.
  c. Son corps.

Fig. 3. La clavicule vue par son bord postérieur.
  a. Extrémité sternale de l'os.
  b. Insertion du muscle trapèze.

Fig. 4. La clavicule vue par son bord antérieur.
  a. Son extrémité sternale.
  b. Insertion du muscle grand pectoral.
  c. Insertion du muscle deltoïde.
  d. Extrémité acromiale ou scapulaire de l'os.
  e. Le corps de l'os.

Fig. 5. Extrémité sternale de la clavicule, vue de face.

Fig. 6. L'omoplate vue par sa face postérieure.

- *a.* Acromion.
- *b.* Épine de l'omoplate.
- *c.* Fosse sus-épineuse.
- *d.* Fosse sous-épineuse.
- *e.* Facette triangulaire sur laquelle glisse l'aponévrose du muscle trapèze.
- *f.* Insertion du muscle grand rond.
- *g.* Cavité glénoïde.
- *h.* Angle inférieur.
- *i.* Angle postérieur.
- *j.* Bord axillaire.
- *k.* Bord vertébral.
- *l.* Bord supérieur.

Fig. 7. L'omoplate vue par sa face antérieure.

- *a.* L'acromion.
- *b.* L'apophyse coracoïde.
- *c.* Facette articulée avec la clavicule.
- *d.* Fosse sous-scapulaire.
- *eeeee.* Crêtes auxquelles s'insèrent les faisceaux du muscle sous-scapulaire.
- *f.* L'échancrure coracoïdienne du bord supérieur.
- *g.* La cavité glénoïde.
- *h.* Angle inférieur.
- *i.* Angle postérieur.
- *j.* Bord axillaire.
- *k.* Bord spinal ou vertébral.
- *l.* Bord supérieur.

Fig. 8. L'omoplate vue par son côté axillaire.

- *a.* Acromion.
- *b.* Apophyse coracoïde.
- *c.* Cavité glénoïde.
- *d.* Bord axillaire de l'os.
- *e.* Angle inférieur.

Fig. 9. L'omoplate vue par son côté supérieur.

- *a.* Acromion.
- *b.* Apophyse coracoïde.
- *c.* Extrémité interne de l'épine de l'omoplate.
- *d.* Bord postérieur de la même épine.
- *e.* Fosse sus-épineuse.

PLANCHE XXXI *bis.*

Fig. 1. L'humérus vu par-devant.

- A. Son extrémité scapulaire ou supérieure.
- B. Son extrémité cubitale ou inférieure.
- C. Le corps de l'os.
- 1. Sa tête.
- 2. Son col.
- 3. Sa petite tubérosité.
- 4. La trochlée destinée à s'articuler avec le cubitus.
- 5. La petite tête de l'humérus, surmontée par l'épicondyle.
- 6. L'épitrochlée.

Fig. 2. L'humérus vu par sa face postérieure.

- A. Son extrémité supérieure ou scapulaire.
- B. Son extrémité inférieure ou cubitale.
- C. Son corps.
- 1. Sa tête.
- 2. Son col.
- 3. Sa grosse tubérosité.
- 4. La trochlée.
- 5. L'épitrochlée.
- 6. L'épicondyle.
- 7. La cavité ou fosse olécrânienne.

Fig. 3. Le radius vu par-devant.

- A. Son extrémité humérale ou supérieure.
- B. Son extrémité inférieure ou carpienne.
- C. Tubérosité bicipitale.
- D. Corps de l'os vu de face. Son conduit nourricier principal.
- *a.* Fossette articulée avec la petite tête de l'humérus.
- *b.* Partie de la tête du radius entourée par le ligament annulaire et articulée en dedans avec la petite cavité sigmoïde du cubitus.

  Entr'elle et l'éminence bicipitale on voit le col du radius.
- *c.* Partie élargie de l'extrémité carpienne, en dedans de laquelle on trouve une facette articulée avec le cubitus.

f. Apophyse styloïde.

Fig. 4. Le radius vu par-derrière.

    A. Son extrémité humérale.

    B. Son extrémité carpienne.

    D. Son corps.

    a. Cavité par laquelle il s'articule avec la petite tête de l'humérus.

    b, Contour de cette cavité surmontant le col.

    c, Tubérosité bicipitale.

    e. Apophyse styloïde.

    f. Gouttière dans laquelle glissent des tendons.

Fig. 5. Le cubitus vu par sa face interne.

    A. Son extrémité humérale.

    B. Son extrémité carpienne.

    C. Son corps.

    a a. Olécrâne.

    b, Apopophyse coronoïde, laissant voir entr'elle et l'olécrâne la grande échancrure sigmoïde.

    c. Apophyse styloïde.

    d. Surface répondant à l'articulation radio-carpienne.

Fig. 6. Le cubitus vu par-devant.

    A. Son extrémité supérieure ou humérale.

    B. L'inférieure ou carpienne.

    C. Son corps.

    a a. Surface articulaire de l'olécrâne faisant partie de la grande cavité sigmoïde.

    b. Apophyse coronoïde.

    c. Apophyse styloïde.

    d. Surface correspondant à l'articulation radio-carpienne.

Fig. 7. Le cubitus vu par son côté externe.

    A. Son extrémité supérieure.

    B. L'inférieure.

    C. Son corps.

    a a a. L'olécrâne.

    b. Grande échancrure sigmoïde.

    c. Petite cavité sigmoïde articulée avec le radius.

d. Portion de la face antérieure du corps.

e. Partie de l'extrémité carpienne articulée avec le radius.

f. Apophyse styloïde.

PLANCHE XXXI *ter.*

Fig. 1. La main droite vue par sa face dorsale.

    a b c d e, Les cinq os du métacarpe, en commençant par celui du pouce.

    f. La première phalange du pouce.

    g g g g. Les premières phalanges des quatre doigts.

    h, La dernière phalange du pouce.

    i i i i. Les secondes phalanges des quatre doigts.

    j j j j. Leurs troisièmes phalanges.

    k. L'os scaphoïde.

    l. L'os semi-lunaire.

    m. Le pyramidal.

    n. Le pisiforme.

    o, Le trapèze.

    p, Le trapézoïde.

    q. Le grand os ou os têtu.

    r. L'os crochu ou unciforme.

Fig. 2. La même main vue par sa face palmaire.

    a. Scaphoïde.

    b. Semi-lunaire.

    c. Pyramidal.

    d. Pisiforme.

    e. Trapèze.

    f. Trapézoïde.

    g. Grand os.

    h. Os crochu.

    i i i i i. Les cinq os du métacarpe.

    j. Première phalange du pouce.

    k k k k. Premières phalanges des quatre doigts.

    l. Dernière phalange du pouce.

    m m m m. Secondes phalanges des quatre doigts.

    n n n n. Leurs troisièmes phalanges.

Fig. 3. Os crochu vu par sa face postérieure.

Fig. 4. Grand os vu par sa face antérieure.

Fig. 5. Trapézoïde vu par sa face supérieure.

Fig. 6. Trapèze vu par sa face antérieure.

Fig. 7. Pisiforme vu par sa face antérieure.

Fig. 8. Pyramidal vu par sa face antérieure.

Fig. 9. Semi-lunaire vu par la même face.

Fig. 10. Scaphoïde vu par la même face.

Fig. 11. Os crochu vu par sa face interne.

Fig. 12. Grand os vu par la même face.

Fig. 13. Trapézoïde vu par sa face externe.

Fig. 14. Trapèze vu par sa face postérieure.

Fig. 15. Pisiforme vu par la même face.

Fig. 16. Pyramidal vu par sa face postérieure.

Fig. 17. Semi-lunaire vu par la même face.

Fig. 18. Scaphoïde vu de même.

Fig. 19. Os crochu vu par sa face externe.

Fig. 20. Grand os vu de même.

Fig. 21. Trapézoïde vu par sa face postérieure.

Fig. 22. Trapèze vu par ses faces supérieure et interne.

Fig. 23. Pisiforme vu par sa face externe.

Fig. 24. Pyramidal vu de même.

Fig. 25. Semi-lunaire vu par ses faces interne et supérieure.

Fig. 26. Scaphoïde vu par sa face supérieure.

Fig. 27. Os crochu vu par sa face inférieure.

Fig. 28. Grand os vu par sa face inférieure.

Fig. 29. Trapézoïde vu de même.

Fig. 30. Trapèze vu de même.

Fig. 31. Pisiforme vu par sa face interne.

Fig. 32. Pyramidal vu par sa face inférieure.

Fig. 33. Semi-lunaire vu par ses faces inférieure et interne.

Fig. 34. Scaphoïde vu par sa face interne.

PLANCHE XXXII.

Squelette d'un Eléphant, d'après M. Cuvier, et dans la dimension d'un seizième environ de ses proportions naturelles.

PLANCHE XXXIII.

Squelette d'un Rhinocéros unicorne des Indes, d'après M. Cuvier,

PLANCHE XXXIV.

Squelette d'un Tapir d'Amérique, d'après le même.

Fig. 1. Tarse droit de cet animal.

Fig. 2. Son carpe du même côté.

PLANCHE XXXV.

Fig. 1. Squelette de l'Echidné, d'après M. Cuvier, et réduit aux trois quarts de ses dimensions naturelles.

Fig. 2. Squelette de l'Ornithorhynque, d'après le même.

PLANCHE XXXV bis.

Squelette de l'Aï, d'après M. Cuvier.

PLANCHE XXXVI.

Fig. 1. Squelette du Phoque à ventre blanc, réduit à un neuvième de ses dimensions naturelles.

Fig. 2. Sa tête vue en dessus.

Fig. 3. Sa tête vue de profil.

Fig. 4. La même, vue en dessous.

Fig. 5. Son humérus vu en devant.

Fig. 6. Les deux os de la jambe.
   a. Le tibia.
   b. Le péroné.

Fig. 7. Les deux os de l'avant-bras.

Fig. 8. La main de l'animal.

PLANCHE XXXVII.

Fig. 1. Squelette du Dugong, d'après M. Cuvier.

Fig. 2. Squelette d'un Lamantin, d'après le même.

PLANCHE XXXVIII.

Têtes de Cétacés.

7

Fig. 1. Tête d'une jeune Baleine franche du Cap, vue en dessus et réduite à un dixième de ses dimensions.

Fig. 2. Tête d'une Baleine adulte, vue de profil et réduite à un quarantième.

Fig. 3. La même, vue en dessous.

Fig. 4. La tête d'une jeune Baleine franche du Cap, vue par-derrière.

Fig. 5. Celle d'une Baleine franche adulte, vue de même.

Fig. 6. La tête de l'individu de la figure première, vue de profil.

Fig. 7. La même, vue en dessous.

Fig. 8. Tête d'une Baleine franche adulte vue en dessus.

Fig. 9. Tête d'une Baleine du Groënland vue en dessous.

PLANCHE XXXIX.

Ostéologie des Carnassiers.

Fig. 1. Tête d'un Lion vue de profil.

Fig. 2. La même, vue par-dessus.

Fig. 3. Tête d'une Lionne vue en dessus.

Fig. 4. La même, vue de profil.

Fig. 5. Tête d'un Tigre royal vue en dessus.

Fig. 6. Patte antérieure du même animal.

Fig. 7. Une de ses pattes postérieures.

PLANCHE XXXIX bis.

Fig. 1. Tête de l'Ours brun des Alpes vue en dessus.

Fig. 2. Tête de l'Ours brun de Pologne vue de profil.

Fig. 3. Tête de l'Ours brun des Alpes vue de même.

Fig. 4. Tête d'Ours fossile des cavernes, d'après M. Cuvier.

Fig. 5. Tête d'Ours noir d'Amérique.

Fig. 6. Tête d'Ours noir d'Europe.

Fig. 7. Tête d'Ours polaire.

PLANCHE XXXIX ter.

Squelette des oiseaux et muscles du cou chez ces animaux.

Fig. 1. Squelette d'un Casoar.

Fig. 2. Une portion des muscles du cou de la Buse.

     a a. Muscle digastrique du cou.

     b b b b b. Muscles épineux transversaires postérieurs.

     c. Muscle épineux transversaire antérieur.

     d. Muscle oblique dentelé.

     e. Muscle grand droit postérieur de la tête.

     f. Muscle droit postérieur moyen de la tête.

     g g g g g. Muscle cervical descendant.

     h h. Ses languettes supérieures accessoires.

     i i i i. Muscle long antérieur du cou.

Fig. 3. Autre portion des muscles du cou de la Buse.

     a. Muscle petit droit antérieur de la tête.

     b. Muscle grand droit antérieur de la tête.

     c. Muscle petit complexus.

     d. Muscle grand complexus.

     e e. Muscle digastrique du cou.

Fig. 4. Muscles du cou de la Buse sous un troisième aspect.

     a a. Languettes supérieures accessoires du muscle cervical descendant.

     b b b b b. Ce muscle lui-même.

     c c c c. Ses languettes accessoires inférieures.

Fig. 5. Les mêmes muscles présentés sous un quatrième aspect.

     a. Muscle digastrique du cou.

     b b b. Muscle cervical descendant.

     c c c c c. Ses languettes accessoires supérieures.

     d d d d d. Les inférieures.

PLANCHE XL.

Ostéologie des Reptiles. (*Sauriens.*)

Fig. 1. Tête d'un Caïman à museau de brochet, vue de profil.

Fig. 2. Tête d'un Caïman à lunettes, vue en dessus.

Fig. 3. La même, vue de profil.

Fig. 4. Tête d'un Caïman à paupières osseuses, vue de même.

Fig. 5. Tête d'un petit Gavial vue en dessus.

Fig. 6. Tête d'un Crocodile de Saint-Domingue, vue de même.

Fig. 7. Tête d'un grand Gavial vue de même.

Fig. 8. Autre tête d'un Gavial vue de même.

Fig. 9. Tête d'un Caïman à museau de brochet, vue en dessus.

Fig. 10. Tête d'un Crocodile de Siam, vue en dessus.

Fig. 11. Tête d'un Crocodile à losanges, vue de même.

Fig. 12. La même, vue en dessous.

Fig. 13. Mâchoire inférieure d'un Gavial.

PLANCHE XL *bis.*

Ostéologie de la tête des Chéloniens.

Fig. 1. Tête d'une Tortue marine, vue en dessus.
  a a. Os frontaux antérieurs.
  b b. Os frontaux principaux.
  c c. Pariétaux.
  d d. Os frontaux postérieurs.
  e e. Os mastoïdiens.
  f f. Apophyses anté-orbitaires de l'os maxillaire.
  g g. Os inter-maxillaires.
  h. Os occipital supérieur.
  i i. Os occipitaux extérieurs.
  j j. Portion des os mastoïdiens.

Fig. 2. La même tête vue en dessous.
  a a. Apophyses anté-orbitaires du maxillaire.

b b. Os inter-maxillaires.

c c. Apophyse fournie inférieurement par la caisse et articulée avec la mâchoire inférieure.

d d. Os ptérygoïdiens.

e. Vomer, placé entre

f f. Les deux os palatins.

g g. Pariétaux.

h h. Frontaux postérieurs.

i. Petite portion du corps du sphénoïde.

k k. Os occipitaux latéraux.

l l. Os de la caisse.

m. Os mastoïdiens.

n. Os occipital supérieur.

o o. Os occipitaux extérieurs.

p p. Os temporaux écailleux.

q q. Os jugaux.

Fig. 3. La même tête, vue de profil.
  a. Os frontal antérieur.
  b. Apophyse anté-orbitaire du maxillaire.
  c. Os inter-maxillaire.
  d. Vomer.
  f. Pariétal.
  g. Frontal postérieur.
  h. Os jugal.
  i. Temporal écailleux.
  j. Mastoïdien.
  k. Occipital supérieur.
  l. La caisse.
  m. Articulaire de la mâchoire inférieure.
  n. Sur-angulaire de la même mâchoire.
  o. Apophyse coronoïde.
  p. Corps de la mâchoire.
  q. Sa base.

Fig. 4. Tête d'une Tortue molle vue en dessus.
  a a. Os frontaux antérieurs.
  b. Os inter-maxillaires.
  c c. Apophyses anté-orbitaires du maxillaire.
  d d. Les deux frontaux principaux.
  e e. Pariétaux.
  f f. Os ptérygoïdiens.

g g. Os jugaux.

h h. Os occipital supérieur.

j j. Les rochers.

k k. Os tympaniques.

l l. Os de la caisse.

m m. Os occipitaux extérieurs.

n n. Os occipitaux latéraux.

Fig. 6. Tête d'une Tortue marine vue par-derrière.

Fig. 7. Tête d'une Tortue molle vue de profil.

a. Os frontal antérieur.

b. Apophyse anté-orbitaire du maxillaire.

c. Pariétal.

d. Occipital supérieur.

e. Mastoïdien.

f. Corps de la mâchoire inférieure.

g. Apophyse coronoïde.

h. Articulaire de la mâchoire inférieure.

i. Sur-angulaire de la mâchoire inférieure.

j. Apophyse par laquelle la caisse s'articule avec la mâchoire inférieure.

Fig. 8. Tête d'une Tortue molle vue en dessous.

Fig. 9. Tête d'une Émyde vue en dessous.

a a. Os ptérygoïdiens.

b b. Os palatins.

c. Vomer.

d d. Os inter-maxillaires.

e e. Temporaux écailleux.

f f. Os jugaux.

g g. Os mastoïdiens.

h h. Occipitaux extérieurs.

i. Occipital supérieur.

k. Corps du sphénoïde.

l l. Apophyse articulaire de la caisse.

m m. Les os de la caisse.

Fig. 10. Tête de la grande Tortue indienne vue par-dessus.

a a. Frontaux antérieurs.

b b. Os maxillaires.

c c. Os inter-maxillaires.

d d. Frontaux principaux.

e e. Pariétaux.

f f. Apophyses articulaires des os de la caisse.

g g Les rochers.

h. L'occipital supérieur.

i i. Occipitaux latéraux.

j j. Temporaux écailleux.

k k. Os mastoïdiens.

l l. Os de la caisse.

Fig. 11. La même tête vue par-dessous.

a a. Os maxillaires.

b b. Os inter-maxillaires.

c c. Mastoïdiens.

d d. Occipitaux extérieurs.

e e. Occipitaux latéraux.

g. Corps du sphénoïde.

h h. Os ptérygoïdiens.

i. Vomer.

j j. Apophyses articulaires des os de la caisse.

Fig. 12. Tête d'une Tortue molle vue par-derrière.

a. Condyle de l'occipital.

b b. Apophyses articulaires des os de la caisse.

c c. Occipitaux latéraux.

Fig. 13. Tête de l'*Emys expansa* vue de profil.

a. Pariétal.

b. Maxillaire.

c. Frontal antérieur.

d. Frontal principal.

e. Occipital supérieur.

f. Occipital extérieur.

g. Occipital latéral.

h. Mastoïdien.

i i. Condyles de l'occipital.

k. Temporal écailleux.

l. Os jugal.

m. Sur-angulaire de la mâchoire inférieure.

n. Corps de la mâchoire inférieure.

o. Apophyse coronoïde.

Fig. 14. Tête de la grande Tortue indienne vue par sa face postérieure.

PLANCHE XLI.

Ostéologie de la tête des Sauriens.

Fig. 1, 2, 3. Tête du Monitor du Nil représentée sous divers aspects.
Fig. 4. Tête de la Dragone vue de profil.
Fig. 5. Tête d'un grand Scinque à grosse queue, vue de côté.
Fig. 6. Tête de Sauvegarde d'Amérique vue de côté.
Fig. 7. Tête du Monitor de Java vue de profil.
Fig. 8. Une des branches de la mâchoire inférieure d'un Monitor.

PLANCHE XLII.

Ostéologie du tronc et des membres dans les Sauriens.

Fig. 1. Vertèbre dorsale d'un Monitor.
Fig. 2, 3. Le même os sous d'autres aspects.
Fig. 4, 5. La troisième vertèbre cérébrale d'un Saurien.
Fig. 6, 7, 8, 9. Atlas d'un Monitor.
Fig. 10, 11. Axis du même reptile.
Fig. 12. La troisième vertèbre cervicale sous un nouvel aspect.
Fig. 13, 14. L'axis sous un nouvel aspect.
Fig. 15. La troisième vertèbre cervicale sous une autre de ses faces.
Fig. 16. Une vertèbre dorsale sous une autre face que dans les figures précédentes.
Fig. 17. Première vertèbre sacrée d'un Monitor.
Fig. 18. Appareil sterno-huméral d'un Caméléon.
Fig. 19. Bassin d'un Monitor.
Fig. 20. Première vertèbre sacrée d'un Monitor sous un nouvel aspect.
Fig. 21. Fémur d'un Saurien.
Fig. 22. Vertèbres caudales d'un Monitor.
Fig. 23. Humérus d'un grand Saurien.
Fig. 24. Tête supérieure du fémur.
Fig. 25. Tête supérieure de l'humérus.
Fig. 26. Tête inférieure du fémur.

Fig. 27. Avant-bras et main d'un Saurien.
    a. Radius.
    b. Cubitus.
    c. Olécrâne et échancrure sigmoïde.
    d. Os radial du premier rang du carpe.
    e. Os cubital de la même rangée.
    f. Neuvième os du carpe.
    f'. Pisiforme.
    g h. Os du métacarpe.
Fig. 28. Avant-bras et main d'un Caméléon.
    a. Cubitus.
    b. Radius.
Fig. 29. Jambe, tarse et pied d'une grande espèce de Saurien.
    a. Tibia.
    b. Péroné.
    c. Os tibial de la première rangée du tarse.
    d. Os péronien de la même rangée.
    e. Os triangulaire du second rang du tarse.
    f. Os plus petit du même rang.

PLANCHE XLIII.

Carapaces et plastrons de Tortues.

Fig. 1, 2, 3. Carapaces diverses.
Fig. 4. Bouclier dorsal d'une Tortue de mer, avec le développement des côtes.
Fig. 5, 6. Autres carapaces.
Fig. 7. Plastron d'une Tortue de mer.
Fig. 8. Plastron différent du précédent.
Fig. 9, 10, 11. Ces figures ont leur explication dans le texte.

PLANCHE XLIV.

Ostéologie du tronc et des membres dans les Chéloniens.

Fig. 1. Os qui va du bouclier dorsal au sternum ou épaule d'une Tortue.
Fig. 2. Le même appareil osseux dans le Caret.
Fig. 3, 4, 5. Humérus.
Fig. 6. Humérus d'une Emyde.
Fig. 7. Avant-bras et main d'une Tortue.

8

Fig. 8. Fémur d'une Tortue de mer.

Fig. 9. Bassin d'une Tortue de mer.

Fig. 10. Fémur du même animal sous un autre aspect.

Fig. 11. Humérus d'une Tortue de mer.

Fig. 12. Jambe et patte postérieure d'une Tortue de mer.

    a. Tibia.

    b. Péroné.

Fig. 13. Jambe et patte postérieure d'une Chélyde.

    a. Tibia.

    b. Péroné.

PLANCHE XLV.

Fig. 1. Squelette entier d'un Cerf fossile à bois gigantesques, conservé dans le Muséum d'Edinburgh.

Cette espèce est aujourd'hui totalement perdue.

Fig. 2. Tête entière d'un Cerf à bois gigantesques, déposée au cabinet du Roi par M. le colonel Thorton, gentilhomme anglais, vue perpendiculairement au chanfrein et réduite au septième de sa grandeur.

Fig. 3. Le même crâne vu par-dessous.

Fig. 4. Perche droite du Cerf à bois gigantesques, vue perpendiculairement à sa face postérieure et réduite au dixième.

Cette figure et les précédentes sont dessinées d'après celles du célèbre professeur Cuvier.

PLANCHE XLVI.

Cette planche fait suite à la planche XXXIX *bis.*

Fig. 1. Tête d'Ours des cavernes vue en dessus.

Fig. 2. Tête d'Ours noir d'Europe vue en dessus.

Fig. 3. Armure de la partie antérieure de ses mâchoires.

Fig. 4. Les mêmes parties de l'Ours des cavernes.

Fig. 5. Tête d'un Ours noir d'Europe, différent de celui de la figure 2, vue en dessus également.

Fig. 6. Tête d'un Chacal vue par-dessous.

Fig. 7. Tête de l'Ours polaire vue en dessus.

Fig. 8. Celle du Chacal vue de profil.

Fig. 9. La même, représentée par sa face supérieure.

Fig. 10. La même, vue par-derrière.

    N. B. D'après la tête du Chacal, on peut très-facilement se faire une idée de la conformation de celle du Chien, qui appartient au même genre que lui.

PLANCHE XLVII.

Ostéologie de l'Hyène, d'après M. Cuvier.

Fig. 1. Tête d'une Hyène tachetée vue de profil.

Fig. 2. La même, d'après un jeune individu.

Fig. 3. La même, vue par-dessous.

Fig. 4. Celle d'un jeune individu vue de même.

Fig. 5. Dents carnassières inférieures des Hyènes, isolées.

    a. Celle de l'Hyène tachetée.

    b. Celle de l'Hyène rayée.

Fig. 6. Omoplate vue par sa face externe.

Fig. 7. La même, vue par son bord axillaire.

Fig. 8. Humérus vu par sa face postérieure.

Fig. 9. Le même, vu par son extrémité scapulaire.

Fig. 10. Le fémur vu par son extrémité tibiale.

Fig. 11. Os de l'avant-bras.

Fig. 12. Olécrâne, cavité sigmoïde, tête du radius, à part.

Fig. 13. Humérus vu par son extrémité cubitale.

Fig. 14. Fémur.

Fig. 15. Os de la jambe.

Fig. 16. Extrémité supérieure du fémur.

Fig. 17. Extrémité carpienne des os de l'avant-bras.

Fig. 18. Extrémité fémorale des os de la jambe.

Fig. 19. Extrémité tarsienne des mêmes os.
Fig. 20. Patte antérieure de l'Hyène.
Fig. 21. Sa patte postérieure.
Fig. 22, 23. Vertèbres.
Fig. 24. Bassin.
Fig. 25. Astragale.
Fig. 26, 27. Calcanéum.
Fig. 28. Poulie articulaire de l'astragale.

PLANCHE XLVIII.

Ostéologie de la tête des Ophidiens.

Fig. 1. Tête de la Cécilie vue en dessus.
a a. Inter-maxillaires et nasaux réunis.
b b. Maxillaires recouvrant l'orbite et offrant pour l'œil un petit pertuis.
c. Frontal unique.
d d. Frontaux antérieurs.
e e. Pariétaux.
ff. Occipital supérieur.
g g. Os qui sont probablement les frontaux postérieurs.
h h. Mastoïdiens et caisses réunis.
Fig. 2. La même tête vue de profil.
N. B. Les lettres ont la même valeur que dans la figure précédente.
Il en est de même de la suivante.
Fig. 3. La même tête vue en dessous.
Fig. 4. Tête d'Amphisbène vue en dessus.
a. Frontal propre unique.
b b. Frontaux antérieurs.
c c. Os nasaux.
dd. Maxillaires.
e. Pariétal unique.
ff. Occipital unique.
g g. Caisses.
Fig. 5. Tête d'Amphisbène vue de profil.
a. Frontal propre unique.
b. Frontal antérieur.
c. Nasal.
d. Maxillaire.
e. Pariétal.
f. Occipital.
g. Rocher.
h. Caisse.
Fig. 6. Tête d'Amphisbène vue en dessous.
dd. Os maxillaires.
f. Occipital unique.
g g. Caisses.
h. Os inter-maxillaire unique.
i i. Ptérygoïdiens internes. Entr'eux et les maxillaires on voit les palatins.
k. Sphénoïde.
m m. Rochers.
Fig. 7. Tête d'Ophisaure vue en dessus.
a. Frontal.
b. Pariétal.
e e. Jugaux.
ff. Maxillaires.
g. Inter-maxillaire unique.
h h. Nasaux.
i i. Temporaux.
k k. Mastoïdiens.
l l. Caisses.
m. Occipital supérieur.
Fig. 8. La même tête vue de profil.
a. Frontal.
b. Pariétal.
d. Frontal postérieur.
g. Inter-maxillaire.
h. Nasal.
i. Temporal.
k. Mastoïdien.
n. Occipital inférieur.
p. Ptérygoïdien interne.
q. Ptérygoïdien externe.
u. Caisse.
Fig. 9. La même tête vue par-dessous.
Fig. 10. Tête du grand Python de Java vue en dessous.
g g. Mastoïdiens.
m m m m. Ptérygoïdiens internes.
n n n n. Palatins.
o. Sphénoïde unique.

p. Vomer.

q. Inter-maxillaire.

r r. Maxillaires.

v v. Etrier de l'oreille.

Fig. 11. La même tête vue en dessus.

a a. Frontaux-propres.

b b. Frontaux antérieurs.

c c. Frontaux postérieurs. Entr'eux et les antérieurs on voit les sur-orbitaires.

f. Pariétal unique.

g g. Mastoïdiens.

h. Occipital supérieur.

k k. Caisses.

l l. Ptérygoïdiens externes.

m m. Ptérygoïdiens internes.

q. Inter-maxillaire.

r r. Maxillaires.

t t. Nasaux.

w w. Articulaire de la mâchoire inférieure.

Fig. 12. La même tête vue de profil.

b. Frontal antérieur.

c. Frontal postérieur.

f. Pariétal.

g. Mastoïdien.

m. Ptérygoïdien interne.

q. Inter-maxillaire.

t. Nasal.

w. Articulaire de la mâchoire inférieure.

x. Dentaire de la même mâchoire.

Fig. 13. Tête d'un Crotale, vue en dessus.

a a. Frontaux propres.

f. Pariétal.

g g. Mastoïdiens.

k k. Caisses.

l l. Ptérygoïdiens externes.

m m. Ptérygoïdiens internes.

r r. Maxillaires.

t t. Nasaux.

w w. Articulaires de la mâchoire inférieure.

Fig. 14. La même tête vue en dessous.

l l m m. Ptérygoïdiens externes et internes.

n. Occipital inférieur.

o. Sphénoïde.

q. Inter-maxillaire.

r r. Maxillaires.

Fig. 15. La même tête, de profil.

a. Frontal propre.

b. Frontal antérieur.

c. Frontal postérieur.

f. Pariétal.

g. Mastoïdien.

k. Caisse.

l m. Ptérygoïdiens interne et externe.

o. Sphénoïde.

q. Inter-maxillaire.

r. Maxillaire.

t. Nasal.

w. Articulaire de la mâchoire inférieure.

x. Dentaire de la mâchoire inférieure.

PLANCHE XLIX.

Fig. 1. Squelette cartilagineux d'une Raie.

Fig. 2. Squelette d'un Baliste.

a. Une des pièces qui soutiennent la mâchoire supérieure.

b. Pièce analogue à l'os carré des oiseaux et qui supporte la mâchoire inférieure.

c. Vomer.

d d. Plaque cartilagineuse qui se prolonge jusqu'à la mâchoire inférieure.

e. Os en ceinture sur lequel s'articule la nageoire.

f. Os impair mobile entre ces deux os en ceinture, et qui fait, en avant et en dessous, le tranchant de l'abdomen.

g. Aiguillon dorsal.

h. Pièce qui tient à l'aiguillon, et qui paroît destinée à l'empêcher de se mouvoir dans certaines circonstances données.

i. Echancrure de la base de l'aiguillon, sous laquelle se glisse la pièce *h.*

j. Pièce creusée d'une fosse dans laquelle est ordinairement caché l'aiguillon.

k k k k k k k. Les côtes.

PLANCHE L.

Fig. 1. Muscles de la couche superficielle du corps, chez l'homme adulte, vus de face.

a a. Muscles orbiculaires des paupières.

b. Muscle orbiculaire des lèvres.

c. Aponévrose du temporal.

d d. Muscles frontaux.

e. Muscle releveur du menton.

f. Muscle triangulaire de la lèvre inférieure.

g g. Muscles peauciers.

h h. Muscles grands pectoraux.

i. Face antérieure du sternum.

j j. Muscles deltoïdes.

k k. Muscles grands obliques de l'abdomen.

l. Ligne blanche.

m m. Muscles pyramidaux de l'abdomen.

n n n n n. Diverses portions charnues des muscles droits de l'abdomen, séparées par des intersections aponévrotiques.

o o. Anneaux sus-pubiens.

p p. Portion des muscles grands dorsaux.

q q q q q. Les digitations du muscle grand dentelé.

r r. Le muscle biceps du bras,

s s. Triceps brachial.

t. Brachial antérieur.

u u. Grand supinateur.

v v. Rond pronateur.

x. Muscle grand palmaire.

y. Muscle fléchisseur superficiel des doigts.

ʒ. Ligament annulaire antérieur du carpe.

1. Ligament annulaire postérieur du carpe.

2. Muscles long abducteur et court extenseur du pouce.

3. Tendon du muscle long extenseur du pouce.

4. Aponévrose palmaire.

5, 5. Gaînes dans lesquelles sont logés les tendons des muscles fléchisseurs des doigts.

6, 6. Muscles couturiers.

7, 7. Muscles pectinés.

8, 8. Muscle fascia-lata.

9, 9. Portion externe du muscle triceps de la cuisse.

10, 10. Portion des muscles moyens fessiers.

11, 11. Muscle droit antérieur de la cuisse.

12, 12. Muscle droit interne de la cuisse.

13, 13. Muscle moyen adducteur.

14, 14. Portion interne du muscle triceps de la cuisse.

15, 15. Ligament rotulien.

16, 16. Muscle jumeau interne.

17, 17. Ligament antérieur du tarse.

18, 18. Face interne du tibia.

19, 19. Muscle jumeau externe.

20. Malléole interne.

Fig. 2. Le tibia gauche vu par-devant.

a. Extrémité supérieure de l'os,

b. Son extrémité inférieure ou tarsienne,

c. La malléole interne.

d. Facette qui s'articule avec le péroné.

e. Crête du tibia.

f f. Epine du tibia.

Fig. 3. Extrémité fémorale du tibia, vue de face.

a a. Condyles du tibia articulés avec le fémur.

b. Epine du tibia.

c. Surface pour l'insertion des fibro-cartilages semi-lunaires.

d. Tubérosité où se fixe le ligament rotulien.

e. Echancrure postérieure.

Fig. 4. Extrémité inférieure du tibia, vue de face.

a. Surface qui s'articule avec l'astragale.

b c. Surface qui s'articule avec l'extrémité tarsienne du péroné.

d. Malléole interne.

PLANCHE LI.

Fig. 1. Muscles de la couche superficielle du corps chez l'homme adulte, vus par-derrière.

a a. Muscle occipital.

b. Muscle temporal.

c c. Muscle trapèze.

d d. Muscle deltoïde.

e e. Muscle grand dorsal.

f f. Muscle sous-épineux.

g. Aponévrose du muscle grand dorsal.

h h. Partie du muscle grand oblique de l'abdomen.

i i. Muscle grand fessier.

j j. Muscle triceps brachial.

k k. Portion du muscle brachial antérieur.

l l. Muscle long supinateur.

m m. Muscle premier radial externe.

n n. Muscle second radial externe.

o. Muscle extenseur commun des doigts.

p. Muscle anconé.

q. Muscle cubital postérieur.

r r. Ligament postérieur du carpe.

s. Muscle extenseur commun des doigts.

t. Muscle extenseur propre du petit doigt.

u. Muscle grand abducteur du pouce.

v. Muscle cubital postérieur.

x x. Muscle biceps de la cuisse.

y y. Portion externe du muscle triceps de la cuisse.

z z. Muscle demi-tendineux.

1, 1. Portion du muscle grand adducteur.

2, 2. Muscle droit interne de la cuisse.

3, 4. Muscle demi-membraneux ou demi-aponévrotique.

5. Creux du jarret.

6, 6, 6, 6. Muscles jumeaux, internes et externes.

7, 7. Tendon d'Achille.

8, 8. Muscle soléaire.

9, 9. Muscle long péronier latéral.

10. Malléole interne.

11. Muscle pédieux.

Fig. 2. Muscles de la région plantaire.

a. Calcanéum.

b c. Muscle abducteur du petit orteil.

d. Muscle accessoire du long fléchisseur des orteils.

e. Muscle adducteur du gros orteil.

Fig. 3. Muscles de la région plantaire.

a. Calcanéum.

b. Muscle abducteur du petit orteil.

c. Muscle court fléchisseur des orteils.

d. Muscle adducteur du gros orteil.

e. Tendon du muscle abducteur oblique du gros orteil.

PLANCHE LII.

Fig. 1. Muscles de la couche profonde du corps, chez l'homme adulte, vus de face.

a. Muscle temporal ou crotaphite.

b. Muscle masseter.

c. Orbiculaire des paupières.

d d. Muscle sourcilier.

e. Muscles pyramidaux du nez.

f. Muscle triangulaire des lèvres.

g. Muscle buccinateur.

h. Muscle releveur du menton.

i i. Muscle sterno-cléïdo-mastoïdien.

j j. Muscle sterno-hyoïdien.

k. Muscle scalène.

l l. Muscle omoplat-hyoïdien.

m m. Muscle petit pectoral.

n n. Muscle grand dentelé.

o o. Muscle sous-scapulaire.

p p. Muscle grand rond.

q q. Muscle biceps brachial.

r r. Muscle triceps brachial.

s s. Muscle brachial antérieur.

t t. Muscle fléchisseur profond des doigts.

u u. Muscle grand supinateur.

v. Tendon du muscle grand abducteur du pouce.

x. Tendon de son long extenseur.

y. Tendon de son court extenseur.

ʒ. Muscles de l'éminence thénar.

1. Face cutanée du sternum.

2, 2. Muscles droits de l'abdomen.

3, 3. Muscles pyramidaux de l'abdomen.

4, 4. Muscles petits obliques, ou obliques internes de l'abdomen.

5, 5. Muscle pectiné.

6, 6. Muscle moyen adducteur de la cuisse.

7, 7. Portion du muscle grand adducteur.

8, 8. Muscle droit interne de la cuisse.

9, 9. Muscle moyen fessier.

10, 10. Extrémité supérieure du muscle droit antérieur de la cuisse coupé.

11, 11, 12, 12. Muscle triceps de la cuisse.

13, 13. Son tendon confondu avec celui du droit antérieur, et se continuant avec le ligament rotulien.

14, 14. Muscles jumeaux internes.

15, 15. Malléole interne.

16, 16. Muscle jumeau externe.

17, 17. Muscle péronier antérieur.

18, 18. Muscle jambier antérieur.

19, 19. Tendons des muscles extenseurs des orteils.

Fig. 2. Muscles de la région plantaire.

   a. Calcanéum.

   b. Tendon du muscle long fléchisseur commun des orteils.

   c. Ligament calcanéo-cuboïdien inférieur.

   d. Tendon du muscle long fléchisseur propre du gros orteil.

   e. Portion du scaphoïde.

   f. Portion de l'astragale.

   g h. Muscle accessoire au long fléchisseur des orteils.

   i. Extrémité postérieure du cinquième os du métatarse.

   j. Tendon du muscle long péronier latéral.

   k. Muscle court fléchisseur du petit orteil.

   l. Le premier os cunéiforme.

Fig. 3. Plan le plus profond de la région plantaire.

   a. Grosse tubérosité du calcanéum.

   b. Partie concave de la face inférieure de cet os.

   c. Tendon du muscle long péronier latéral.

   d. Scaphoïde.

   e. Premier os cunéiforme.

   f. Cuboïde.

   g. Extrémité postérieure du premier os du métatarse.

   h. Saillie de cette extrémité.

   i i. Os sésamoïdes.

   j. Première phalange du gros orteil.

   k. Sa dernière phalange.

   l. Extrémité unguéale de celle-ci.

PLANCHE LIII.

Fig. 1. Muscles profonds du corps d'un homme, vu par-derrière.

a. Fosse temporale.
b. Os occipital.
cc. Pariétaux.
dd. Partie des muscles grands complexus.
ee. Muscles splenius.
f. Branche montante de la mâchoire inférieure.
gg. Muscle angulaire de l'omoplate.
h. Portion supérieure du muscle rhomboïde.
i. Muscle rhomboïde.
jj. Muscle sus-épineux.
k. Muscle sacro-lombaire.
ll. Muscle sous-épineux.
mm. Muscle grand rond.
nnoo. Muscle triceps brachial.
p. Portion du muscle biceps brachial.
q. Muscle petit supinateur.
r. Premier radial externe.
s. Second radial externe.
t. Muscle grand abducteur du pouce.
u. Ses long et court extenseurs.
v. L'extrémité carpienne du cubitus.
x. Muscle cubital postérieur.
ʒ. Muscle long supinateur.
1. Muscle premier radial externe.
2. Muscle grand abducteur du pouce.
3. Muscle court extenseur du pouce.
4. Son muscle long extenseur.
5. L'extenseur propre de l'index.
6, 6. Muscle grand dentelé.
7, 7. Muscle petit dentelé postérieur et inférieur.
8, 8. Muscle oblique interne de l'abdomen.
9, 9. Place de l'aponévrose vertébrale.

10, 10. Muscle moyen fessier.
11, 11. Muscle pyramidal de la cuisse.
12, 12. Portion des muscles releveurs de l'anus.
13, 13. Muscle jumeau inférieur de la cuisse.
14, 14. Portion externe du muscle triceps de la cuisse.
15, 15. Muscle droit interne de la cuisse.
16, 16. Muscle grand abducteur.
17, 17. Muscle demi-tendineux.
18, 18. Muscle biceps de la cuisse.
19, 19. Muscle demi membraneux.
20, 20. Creux du jarret ou poplité.
21, 21. Muscle plantaire grêle.
22, 22. Muscle soléaire.
23, 23. Tendon d'Achille.
24, 24. Malléole interne.
25, 25. Muscle long péronier latéral.
26, 26. Muscle pédieux et tendons des extenseurs.

Fig. 2. Assemblage des os du pied vu en dessous.

a. Face postérieure du calcanéum.
b. Sa face inférieure.
c. Scaphoïde.
d. Cuboïde.
e. Premier os cunéiforme.
f. Second os cunéiforme.
g. Troisième os cunéiforme.
h. Portion de l'astragale.
ijklm. Les cinq os du métatarse.
nn. Os sésamoïdes du gros orteil.
ooooo. Les premières phalanges des orteils.
pppp. Secondes phalanges des quatre derniers orteils.
qqqqq. Troisièmes phalanges des orteils.

Fig. 3. Muscles de la région plantaire profonde.

a. Face postérieure du calcanéum.
b. Portion de l'astragale.
c. Face inférieure du calcanéum.

d. Ligament calcanéo-cuboïdien inférieur.

e. Tendon du muscle jambier postérieur.

f. Muscle court fléchisseur du gros
orteil.

g. Une des portions du muscle abducteur oblique du gros orteil.

h. Terminaison du muscle jambier
postérieur.

i. Portion de l'os scaphoïde.

j. La seconde portion du muscle
abducteur oblique du gros orteil.

k. Muscle court fléchisseur du petit
orteil.

l. Saillie formée par le cinquième
os du métatarse.

m. Tendon du muscle long péronier.

o. Muscle abducteur transverse du
gros orteil.

p. Tendon du muscle long fléchisseur propre du gros orteil.

qqqqq. Premières phalanges des orteils.

r. Dernière phalange du gros orteil.

sss. Dernières phalanges des autres
orteils.

PLANCHE LIV.

Fig. 1. Muscles de la couche très-profonde du
corps d'un homme, vu par-devant.

a. Muscle buccinateur.

bb. Muscle sterno-thyroïdien.

cc. Clavicule.

d. Sternum.

ee. Muscle sous-scapulaire.

ff. Muscle grand rond.

gg. Muscle coraco-brachial.

hh. Humérus.

ii. Muscle brachial antérieur.

jj. Muscle triceps brachial.

k. Muscle premier radial externe
gauche.

l. Portion du muscle fléchisseur profond des doigts.

m. Court fléchisseur du pouce.

n. Son adducteur.

o. Muscle premier radial externe droit.

p. Muscle fléchisseur profond des
doigts de la main droite.

q. Long fléchisseur propre du pouce.

r. Muscle carré pronateur.

s. Ligament du carpe.

t. Adducteur du petit doigt.

u. Portion du court fléchisseur du
pouce.

vvvv. Muscles intercostaux.

xx. Lame profonde de l'aponévrose
abdominale.

yy. Muscle transverse de l'abdomen.

zz. Muscles iliaque et psoas réunis.

1, 1. Muscle petit fessier.

2, 2. Fémur.

3, 3. Muscle petit adducteur de la cuisse.

4, 4. Muscle moyen adducteur de la cuisse.

5, 5. Muscle grand adducteur de la cuisse.

6, 6. Muscle droit interne de la cuisse.

7, 7. Muscle obturateur externe.

8, 8. Rotule.

9, 9. Portion du muscle biceps crural.

10, 10. Les muscles péroniers latéraux.

11, 11. Le corps du tibia.

12, 12. L'extrémité fémorale de cet os.

13, 13. Son extrémité tarsienne.

14, 14. Tendon du muscle long fléchisseur commun du pouce.

Fig. 2. *a.* Première pièce du sternum vu par
sa face médiastine.

b. Son autre pièce.

c. L'appendice xiphoïde.

dd. Surfaces par lesquelles cet os est articulé avec les clavicules.

10.

e e e e. Points où viennent se terminer les cartilages sterno-costaux.

f f. Muscle triangulaire du sternum.

g g g g. Face interne des côtes.

Fig. 3. Muscles de la région pharyngienne.

a a. Os pariétaux.

b. Os occipital.

c c. Suture lambdoïde.

d d. Suture écailleuse.

e e. Portion mastoïdienne du temporal.

f f. Trous mastoïdiens.

g g. Muscles constricteurs moyens du pharynx.

h h. Muscles constricteurs supérieurs du pharynx.

j j. Muscles constricteurs inférieurs du pharynx.

k. Orifice de l'œsophage coupé.

l l. Trachée-artère.

PLANCHE LV.

Fig. 1. Muscles de la couche très-profonde du corps d'un homme vu par-derrière.

a a. Muscle grand complexus.

b. Mucle petit complexus.

c. Faisceaux des muscles transversaires épineux.

d. Muscle scalène postérieur.

e e. Fosse sous-épineuse.

f f. Muscle grand rond.

g g. Masse commune du muscle sacro-spinal.

h h. Muscle transverse de l'abdomen.

i i. Gouttières postérieures du sacrum.

j j. Muscle triceps du bras.

k. Muscle fléchisseur profond des doigts.

l. Muscle premier radial externe.

m. Muscle second radial externe.

n n. Portion de l'os coxal.

o o. Muscles petits fessiers.

p p. Leur tendon.

q q. Grand trochanter.

r r. Muscles obturateurs internes.

s s. Portion du bassin.

t. Muscle court supinateur.

u. Muscle second radial externe.

v. Muscle premier radial externe.

x. Extrémité carpienne du cubitus.

y. Ligament annulaire du carpe.

z z. Portion du muscle grand adducteur de la cuisse.

1, 1. Autre portion du même muscle.

2, 2. Muscle demi-membraneux.

3, 3. Courte portion du muscle biceps de la cuisse.

4, 4. Muscle poplité.

5, 5. Muscle long péronier latéral.

6, 6. Muscle long fléchisseur propre du gros orteil.

7, 8. Muscle long fléchisseur commun des orteils.

9, 9. Calcanéum.

Fig. 2. Muscles de la région ptérygo-maxillaire.

a b. Os pariétaux.

c. Os occipital.

d. Portion squameuse du temporal.

e. Os frontal.

f g. Apophyses mastoïdes.

h. Os maxillaire supérieur.

i. Arcades dentaires.

j. Corps de la mâchoire inférieure.

k k k k k. Apophyses épineuses des vertèbres cervicales.

l. Branche montante de l'os maxillaire inférieur.

m. Muscle digastrique fendu pour recevoir le muscle stylo-hyoïdien.

n. Muscle mylo-hyoïdien.

o. Muscle thyro-hyoïdien.

p. Muscle crico-thyroïdien.

q. Muscle constricteur inférieur du pharynx.

Fig. 3. Muscles profonds de la région céphalo-trachélienne.

a. Pariétal gauche.
b. Occipital.
c. Pariétal droit.
d. Temporal.
e. Frontal.
f. Os de la pommette.
g. Os maxillaire supérieur.
h hhhh. Apophyses épineuses des vertèbres cervicales.
i. Apophyse mastoïde.
k. Arcades dentaires.
l. Portion du muscle constricteur supérieur du pharynx.
m. Langue.
n. Os maxillaire inférieur.
o. Muscle constricteur moyen du pharynx.
p. Cartilage thyroïde.
q. Cartilage cricoïde.
r. Muscle constricteur inférieur du pharynx.

Fig. 4. Mêmes muscles sous un nouvel aspect.
a. Pariétal gauche.
b. Occipital.
c. Pariétal droit.
d. Temporal.
e. Frontal.
f. Os de la pommette.
g. Os maxillaire supérieur.
h hhhhh. Apophyses épineuses des vertèbres cervicales.
i. Aile externe de l'apophyse ptérygoïde.
j. Apophyse mastoïde.
k. Portion des grandes ailes du sphénoïde.
l. Arcades dentaires.
m. Langue.
n. Muscle stylo-glosse.
o. Portion du muscle hyo-glosse (*basio-glosse*).

p. Portion du muscle génio-hyoïdien.
q. Os maxillaire inférieur scié.
r. Nouvelle portion du muscle hyo-glosse (*cérato-glosse*).
s. Cartilage thyroïde.
t. Muscle constricteur inférieur du pharynx.
u. Cartilage cricoïde.

PLANCHE LVI.

Fig. 1. Muscles des joues et des lèvres.
a a. Surface cérébrale du crâne tapissée par la dure-mère.
b. Portion squameuse du temporal.
c. Portion de la grande aile du sphénoïde.
d. Os frontal.
e. Angle antérieur et inférieur du pariétal.
ff. Sinus frontaux.
g. Bosse nasale.
h. Base de l'apophyse zygomatique.
i. Son sommet.
j. Os de la pommette.
k. Portion de l'apophyse mastoïde.
l. Apophyse vaginante du temporal.
m. Conduit auriculaire ou auditif externe.
n. Aile externe de l'apophyse ptérygoïde.
o. Aponévrose céphalo-pharyngienne.
p. Muscle constricteur supérieur du pharynx.
q. Apophyse styloïde.
r. Muscle buccinateur.
s. Fosse canine.
tt. Muscle orbiculaire des lèvres.
u u. Bord libre des lèvres.
v. Cartilage latéral du nez.
x. Aponévrose commune aux muscles buccinateur et constricteur supérieur du pharynx.
y. Trou mentonnier.
z. Corps de l'os maxillaire inférieur.

Fig. 2. Muscles du voile du palais.

a. Apophyse basilaire de l'occipital sciée transversalement.

bb. Partie des fosses latérales moyennes de la base du crâne.

cc. Partie postérieure des grandes ailes du sphénoïde sciée.

d. Portion de la fosse zygomatique.

e. Tubérosité maxillaire.

f. Fente orbitaire inférieure.

g. Trompe d'Eustachi.

hh. Muscles péristaphylins externes.

ii. Portion de la voûte du palais.

jj. Arcade dentaire supérieure.

Fig. 3. Muscles du voile du palais.

aaaa. Les quatre incisives supérieures.

bb. Les deux canines supérieures.

cc. Les deux petites molaires supérieures.

dddd. Les grosses molaires supérieures.

e. Os de la pommette.

ff. Arcades zygomatiques.

gg. Voûte du palais.

h. Trou palatin antérieur.

ii. Os du palais.

jj. Portion horizontale des muscles péristaphylins externes.

k. Les deux muscles péristaphylins internes réunis sur la ligne médiane.

l. Portion de la fosse zygomatique.

m. Portion de l'apophyse basilaire.

n. Muscles palato-staphylins.

Fig. 4. Muscles de la langue.

a. Le dos de la langue.

bb. Muscles génio-glosses.

c. Muscle génio-hyoïdien.

d. Muscle mylo-hyoïdien.

d'. Muscle hyo-glosse.

e. Apophyse styloïde, avec le point d'origine du muscle stylo-glosse et du ligament stylo-hyoïdien.

f. Portion de la branche montante de

l'os maxillaire inférieur, conservée pour faire voir les attaches des muscles à la ligne myloïdienne.

g. Membrane thyro-hyoïdienne.

h. Cartilage thyroïde.

Fig. 5. Muscles de la langue.

a. Un des bords de la langue.

bb. Muscles hyo-glosse et stylo-glosse d'un côté détachés.

c. Muscle hyo-glosse de l'autre côté.

d. Le second bord de la langue.

e. Muscle génio-glosse.

f. Muscle lingual.

g. Une des cornes de l'os hyoïde, détachée.

PLANCHE LVII.

Fig. 1. Muscles des régions stylo-hyoïdienne, linguale et pharyngienne.

ab. Fosse temporale.

c. Sourcil.

d. Paupière supérieure.

e. Face latérale du nez.

f. Sommet du nez.

g. Ouverture de la narine droite.

h. Portion de la branche droite de l'os maxillaire inférieur coupée et relevée.

i. Os de la pommette.

j. Conduit auriculaire.

k. Portion de l'apophyse mastoïde.

l. Os maxillaire supérieur.

m. Lèvre supérieure.

n. Muscle hyo-glosse.

o. Base de la langue.

p. Son dos.

q. Sa pointe.

r. Corps de l'os maxillaire inférieur scié.

s. Muscle génio-glosse.

t. Muscle génio-hyoïdien.

u. Muscle stylo-hyoïdien.

v. Ligament stylo-maxillaire, au-dessous
   duquel est le muscle stylo-glosse.
x. Ligament stylo-hyoïdien.
y. Apophyse styloïde.
ʒ ʒ. Muscle stylo-pharyngien.
1. Muscle thyro-hyoïdien.
2. Partie antérieure du cartilage thyroïde.
3. Membrane thyro-hyoïdienne.
4. Grande corne du cartilage thyroïde.
5. Muscle constricteur inférieur du pharynx.
6. Extrémité supérieure de l'œsophage.
7. Cartilage cricoïde.
8, 9, 10, 11, 12. Premiers cerceaux fi-
   bro-cartilagineux de la trachée artère.

Fig. 2. Muscles du pharynx.
a. Portion squameuse du temporal.
b. Grande aile du sphénoïde.
c. Portion de l'os frontal.
d. Os malaire.
e. Apophyse zygomatique.
f. Portion de l'apophyse mastoïde.
g. Apophyse styloïde.
h. Muscle buccinateur.
i. Muscle constricteur supérieur du
   pharynx.
j. Muscle constricteur moyen du
   pharynx.
k. Corps de l'os maxillaire inférieur.
l. Muscle mylo-hyoïdien.
m. Membrane thyro-hyoïdienne.
n. Muscle constricteur inférieur du
   pharynx.
o. Œsophage.
p. Cartilage cricoïde.
q q q q q. Premiers cerceaux fibro-cartilagi-
   neux de la trachée-artère.

Fig. 3. Région maxillo-hyoïdienne.
a. Apophyse du menton.
b b. Base de la mâchoire inférieure.

c c. Condyles de la mâchoire inférieure.
d d. Extrémité des grandes cornes de l'os
   hyoïde.
e e. Muscle mylo-hyoïdien, vu par sa face
   inférieure.

Fig. 4. *a a a a.* Dents incisives supérieures.
b b. Dents canines supérieures.
c c c c. Petites molaires supérieures.
d d d d. Grosses molaires supérieures.
e e. Face interne de l'os maxillaire inférieur.
f f. Apophyses géni.
g g. Apophyses coronoïdes.
h h. Condyles.
i i. Angles de la mâchoire inférieure.
j j. Extrémité des grandes cornes de
   l'os hyoïde.
k k. Muscles mylo-hyoïdiens, vus par
   leur face supérieure.
l l. Muscles génio-hyoïdiens, vus de
   même.

PLANCHE LVIII.

Muscles du pharynx et de la langue dans
l'homme.

Fig. 1. Région pharyngienne superficielle.
a. Coupe de l'apophyse basilaire.
b b. Coupe des apophyses mastoïdes.
c. Lame du sphénoïde qui borne en arrière la fosse pituitaire.
d d. Muscle constricteur supérieur du pharynx.
e e. Aponévrose céphalo-pharyngienne.
f f. Bords parotidiens de l'os maxillaire
   inférieur.
g g. Muscles ptérygoïdiens internes.
h h. Apophyses styloïdes.
i i. Muscle stylo-pharyngien.
j j. Muscles constricteurs moyens du pharynx.
k k. Extrémité des grandes cornes de l'os
   hyoïde.

l. Muscle constricteur inférieur du pharynx.

m. Œsophage.

n. Trachée-artère.

o. Portion du cartilage thyroïde.

Fig. 2. Région pharyngienne profonde.

a. Apophyse basilaire coupée.

b b. Coupe des apophyses mastoïdes.

c. Lame du sphénoïde qui borne en arrière la fosse pituitaire.

d d. Muscles constricteurs supérieurs du pharynx.

e e. Membrane muqueuse du pharynx mise à découvert.

f f. Bords parotidiens de l'os maxillaire inférieur.

g. Muscle ptérygoïdien interne.

h h. Apophyses styloïdes.

i. Muscle stylo-pharyngien.

j j. Œsophage.

k k. Extrémité des grandes cornes de l'os hyoïde.

l. Cartilage thyroïde.

m. Section transversale de l'œsophage.

n. Section transversale de la trachée-artère.

Fig. 3. Pharynx ouvert longitudinalement par sa face postérieure.

a. Coupe de l'apophyse basilaire.

b b. Coupe des apophyses mastoïdes.

c. Lame du sphénoïde qui borne en arrière la fosse pituitaire.

d d. Fentes sphénoïdales ou orbitaires supérieures.

e e. Muscles constricteurs supérieurs du pharynx.

f. Muscle pharyngo-staphylin.

g g. Base de la langue.

h. Entrée des voies aériennes.

i i. Bord parotidien des branches de l'os maxillaire inférieur.

j. Muscle constricteur moyen du pharynx.

k. Muscle péristaphylin interne venant se perdre sur la cloison horizontale formée par les muscles péristaphylins externes après leur réunion, et laissant voir, entre lui et son analogue du côté opposé, le muscle palato-staphylin ou *azygos uvulæ*.

l. Section transversale de l'œsophage.

Fig. 4. Muscles du pharynx et de la langue.

a. Sinus frontal ouvert.

b. Portion de l'os frontal scié.

c. Cornet moyen des fosses nasales.

d. Cornet inférieur des fosses nasales.

e. Sinus sphénoïdal ouvert.

f. Conduit auriculaire.

g. Trou condylien antérieur.

h. Apophyse palatine de l'os maxillaire supérieur.

i. Voûte du palais.

j. Méat inférieur des fosses nasales.

k. Espace compris entre la base du crâne et la circonférence inférieure du pharynx.

l. Muscle péristaphylin interne.

m. Muscle constricteur supérieur du pharynx.

n. Muscle constricteur moyen du pharynx.

o. Extrémité libre de la luette.

p. Muscle pharyngo-staphylin.

q. Union des piliers du voile du palais à la base de la langue.

r. Face interne du muscle buccinateur.

s. Face interne du muscle orbiculaire des lèvres.

t. Section de la lèvre inférieure.

u. Section de la lèvre supérieure.

v. Section de l'os maxillaire inférieur.

x. Muscle génio-glosse.

y. Épiglotte.

γ. Cavité du larynx.
1. Trachée-artère.
2. Œsophage.
3. Parties molles qui recouvrent la face antérieure de la trachée-artère et du larynx.

PLANCHE LVIII bis.

Muscles de l'épaule dans les mammifères.

Fig. 1. Partie supérieure du tronc d'un Cynocéphale.
  a. Muscle masseter.
  b. Devant du cou.
  c. Muscle sterno-cléido-mastoïdien.
  dd. Muscle trapèze.
  e. Muscle releveur de l'omoplate.
  f. Muscle omoplat-hyoïdien.
  g. Deltoïde.
  h. Muscle sous-épineux.
  i. Muscle grand dorsal.
    Entre lui et le muscle sous-épineux on voit passer transversalement le muscle grand rond.
  j. Muscle triceps brachial.
  k. Portion accessoire de ce dernier muscle.
Fig. 2. Couche plus profonde des muscles de l'épaule et du cou chez le même animal.
  a. Muscle trapèze.
  b. Muscle grand dentelé.
  c. Muscle sus-épineux.
  d. Muscle sous-épineux.
  e. Muscle grand rond.
  f. Muscle releveur de l'omoplate.
  gg. Omoplat-hyoïdien.
  h. Deltoïde.
  i. Triceps brachial avec son accessoire.
Fig. 3. Une partie des muscles de l'épaule mis à découvert sur un Ours blanc.
  aaa. Trois portions du muscle trapèze.
  bb. Muscle releveur de l'omoplate.

ccc. Trois portions du muscle deltoïde.
dde. Muscle sterno-cléido-mastoïdien.
ff. Épine de l'omoplate.
Fig. 4. Une partie des muscles de l'épaule d'un Lapin.
  aa. Muscle trapèze.
  b. Muscle releveur de l'omoplate.
  c. Muscle commun à l'encolure et au cou.
  d. Muscle grand dorsal.
Fig. 5. Partie des muscles de l'épaule d'un Cochon.
  a. Trapèze.
  b. Muscle releveur de l'omoplate.
  c. Muscle omoplat-hyoïdien.
  d. Muscle analogue du petit pectoral du Cheval.
  e. Muscle cléido-mastoïdien uni à une portion du trapèze, pour former le muscle commun à l'encolure et au cou.
  f. Muscle scalène.
  g. Muscle masseter.
  h. Muscle mylo-hyoïdien.
  i. Muscle sterno-hyoïdien.
  j. Muscle thyro-hyoïdien.
  k. Muscle cléido-mastoïdien.
Fig. 6. Muscles de l'épaule d'un Mouton.
  aaa. Muscle trapèze.
  bb. Portion du muscle grand pectoral.
  b'. Sterno-mastoïdien.
  c. Releveur de l'omoplate.
  ddd. Deltoïde.
Fig. 7. Muscles de l'épaule d'un Dauphin.
  a. Muscle rhomboïde.
  b. Muscle releveur de l'omoplate.
  c. Muscle deltoïde.
  d. Masto-humérien.
  e. Sterno-mastoïdien.
  f. Portion du grand pectoral.
  g. Costo-humérien.

PLANCHE LIX.

Le diaphragme vu par sa face abdominale ou inférieure, chez l'homme.

a a. Centre aponévrotique du muscle, au milieu duquel on voit l'ouverture qui livre passage à la veine cave inférieure.

b b. Portion charnue.

c c c. Les piliers du diaphragme et leur bandelette antérieure.

d. Bandelette détachée de l'un des piliers en arrière.

e. Ouverture œsophagienne.

f. Ouverture aortique.

g g. Muscles grands psoas.

h h. Muscles petits psoas.

i i i i. Paroi externe du thorax.

j. Bord inférieur ou base de la poitrine.

k. Section verticale des muscles des parois de l'abdomen.

l l. Crêtes iliaques.

m o. Vertèbres lombaires.

PLANCHE LIX *bis.*

Le diaphragme vu par sa face thoracique ou supérieure, chez l'homme.

a a. La première paire des côtes.

b. Le haut du sternum.

c. Appendice xiphoïde.

d d d d. Cartilages des côtes.

e e. Muscle diaphragme.

PLANCHE LX.

Fig. 1. Aponévrose d'enveloppe du membre abdominal chez l'homme, vue par-devant.

a. Portion de l'aponévrose du muscle grand oblique de l'abdomen.

b. Trajet du muscle couturier.

c. Trajet du muscle droit interne de la cuisse.

d. Aponévrose fémorale au-devant des muscles adducteurs.

e. Ouverture inférieure du canal crural pour la veine saphène.

f. Aponévrose fémorale sur le muscle droit antérieur de la cuisse.

g. Trajet du muscle fascia-lata.

h. Portion interne du triceps de la cuisse.

i. Tendon des muscles extenseurs de la jambe.

j. Epanouissement en patte d'oie des tendons des muscles couturier, droit interne, demi-tendineux.

k l m. Aponévrose jambière.

n. Ligament annulaire antérieur du tarse.

o. Calcanéum.

p. Tendon du muscle extenseur du gros orteil.

Fig. 2. La même aponévrose vue par-derrière.

a. Muscle moyen fessier.

b. Muscle grand fessier, avec le feuillet fibro-celluleux qui le recouvre.

c. Aponévrose fémorale sur les muscles demi-tendineux, droit interne et grand adducteur.

d. La même sur le muscle biceps de la cuisse.

e. La même sur le creux poplité.

ff. La même sur les muscles gastro-cnémiens.

g h. Son trajet sur le tendon d'Achille.

i. Malléole externe.

Fig. 3. Ligament annulaire interne du tarse.

a. Face postérieure du calcanéum.

b. Tibia.

c. Péroné.

d. Portion du muscle adducteur du gros orteil.

e. Os scaphoïde, en avant duquel on voit le tendon du muscle jambier antérieur.

f. Tendon du muscle long fléchisseur propre du gros orteil.

g. Celui du muscle long fléchisseur commun des orteils.

Fig. 4. Aponévrose plantaire.

PLANCHE LX *bis.*

Os et muscles de la main chez les mammifères.

Fig. 1. Os de l'avant-bras et de la main d'un Lapin.

Fig. 2. Articulation du coude chez le même animal.

Fig. 3. Muscles de la main chez le même.
a. Muscle abducteur du pouce.
b. Muscle cubital interne.
c. Muscle extenseur commun, au-dessous duquel est le muscle extenseur des deux derniers doigts.

Fig. 4. Os de la main d'un Cabiai.

Fig. 5. Os de la main d'un Chat.

Fig. 6. Articulation du coude chez le même animal.
a. Humérus.
b. Radius.
c. Cubitus.

Fig. 7. Muscles de la main chez le même animal.
aaaa. Muscle extenseur commun des doigts.
b. Muscle cubital interne.
c. Tendon de l'abducteur propre du petit doigt.
d. Muscle abducteur des second et troisième doigts.
e. Muscle long abducteur du pouce.

Fig. 8. Os de la main d'un Paresseux.

Fig. 9. Os de la main d'un autre Paresseux.

Fig. 10. Os de la main d'un Singe.
a. Cubitus.
b. Radius.
c. Humérus.

Fig. 11. Os du membre antérieur d'un Dauphin.
a. Humérus.

b. Radius.
c. Cubitus.

Fig. 12. Les mêmes os chez le Phoque.
a. Cubitus.
b. Radius.
cde. Les trois os du premier rang du carpe.

Fig. 13. Les mêmes os dans le Cochon.

Fig. 14. Leurs muscles chez le même animal.

Fig. 15. Os du membre antérieur dans le Mouton.

Fig. 16. Les muscles de la même partie chez le même animal.

Fig. 17. Membre antérieur d'un Cheval.

Fig. 18. Muscles de la même partie dans le même animal.

Fig. 19. Muscles de la même partie dans le Singe. (Couche superficielle.)
a. Muscle extenseur commun des doigts.
b. Muscle radial.
c. Muscle long abducteur du pouce.
d. Muscle cubital externe.
e. Muscle anconé.

Fig. 20. Les mêmes muscles chez le même animal. (Couche profonde.)
a. Muscle extenseur de l'index et du radius.
b. Long extenseur du pouce.
c. Long abducteur du pouce.
d. Muscle anconé.
e. Muscle court supinateur.
f. Muscle cubital interne.

Fig. 21. Main d'un Ours.

Fig. 22. Avant-bras et main d'une Gerboise.

PLANCHE LX *ter.*

Fig. 1. Muscles de la queue de l'Écrevisse.
N. B. L'explication de cette figure fait partie du texte.

Fig. 2. Muscles des pieds de derrière d'un grand Hydrophile.
aa. Muscles adducteurs de la cuisse.
bb. Muscle qui fait tourner la hanche en arrière.

12

c c. Muscle congénère du précédent.

d d. Muscle qui fait tourner la cuisse en avant.

e. Muscle abducteur de la cuisse.

Fig. 3. Les mêmes muscles sous un nouvel aspect.

a a. Muscle qui fait tourner la hanche en arrière.

b b. Muscle qui fait tourner la cuisse en avant.

c c. Muscles abducteurs de la cuisse.

Fig. 4. Muscles des pieds mitoyens des mêmes insectes.

a a. Muscle qui fait tourner la hanche en dehors et en arrière.

b b. Muscle qui fait tourner la hanche en dehors.

Fig. 5. Muscles de la même partie.

a. Muscle qui fait tourner la hanche en avant.

Fig. 6. Muscles de la même partie.

a. Muscle adducteur de la cuisse.

b. Muscle qui fait tourner la hanche en dehors.

Fig. 7. Muscles des pieds de derrière d'un Dytisque.

a a. Extenseurs de la cuisse.

b b. Adducteurs de la cuisse.

c c. Extenseurs profonds.

d d. Adducteurs profonds.

Fig. 8. Muscles de la même partie chez le même animal.

a b. Deux muscles qui agissent sur la poitrine.

c. Extenseur profond.

d. Adducteur profond.

Fig. 9. Les mêmes parties dans le même animal, sous un autre aspect.

a b. Deux muscles qui agissent sur la poitrine.

c. Adducteur profond.

d. Extenseur profond.

Fig. 10. Muscles des pieds de derrière du Dytisque.

a a. Muscle extenseur de la cuisse.

b b. Muscle qui agit sur la poitrine.

c c. Muscle extenseur profond.

PLANCHE LXI.

Le larynx chez l'homme.

Fig. 1. Le larynx vu de face, avec ses dépendances.

a. Corps de l'os hyoïde.

b b. Les extrémités de ses grandes cornes.

c. Membrane thyro-hyoïdienne.

d d e. Cartilage thyroïde.

f f. Membrane crico-thyroïdienne.

g. Cartilage cricoïde.

h h. Les lobes du corps thyroïde.

i. Trachée-artère.

Fig. 2. Le même vu par-derrière, le pharynx étant ouvert.

Fig. 3. Le même ouvert longitudinalement et vu de profil.

a. Membrane muqueuse du pharynx.

b. Œsophage.

c. Trachée-artère.

d. Ventricule droit.

e. Corps thyroïde.

f. Moitié de l'épiglotte.

g. Base de la langue.

Fig. 4. Autre coupe du larynx dans le même sens.

a. Moitié de l'épiglotte.

b. Ventricule du larynx.

c. Glande aryténoïde.

d. Grande corne de l'os hyoïde.

e. Portion du repli muqueux qui unit l'épiglotte à la base de la langue.

f. Section du cartilage thyroïde.

g g. Corps thyroïde.

h. Cartilage aryténoïde.

Fig. 5. Larynx, vu de côté et dessiné sur un homme adulte.

a. Membrane thyro-hyoïdienne.
b. Corps de l'os hyoïde.
c. Sa grande corne.
d. Cartilage thyroïde.
e. Sa grande corne.
f. Sa petite corne.
g. La trachée-artère, surmontée du cartilage cricoïde.

Fig. 6. Larynx vu de côté et dessiné sur une femme adulte.
    a. Membrane thyro-hyoïdienne.
    b. Corps de l'os hyoïde.
    c. Cartilage thyroïde.
    d. Cartilage cricoïde.
    e. Trachée-artère.
    f. Extrémité de la grande corne de l'os hyoïde.

Fig. 7. Larynx d'un homme adulte vu par en haut.

Fig. 8. Larynx d'une femme adulte, vu par en haut.

Fig. 9. Larynx d'un garçon de quatre à cinq ans, vu par en haut.

Fig. 10. Le même vu de profil.

Fig. 11. Corps thyroïde fendu transversalement et de haut en bas.
    aa. Ses deux lobes.
    bb. Isthme qui les réunit.

PLANCHE LXI *bis*.

Oreille des mammifères. Cerveau des poissons.

Fig. 1. Encéphale et nerfs cérébraux de la carpe.
    1, 1. Tubercules des nerfs optiques.
    2, 2. Hémisphères du cerveau.
    3. Cervelet.
    4. Tubercule postérieur droit.
    5, 5. Nerfs olfactifs.
    6, 6. Leur renflement terminal.
    7. Nerf optique droit.
    8. Nerf ophthalmique.

    9. Un de ses rameaux coupé.
    10. Nerf maxillaire inférieur.
    11. Branches antérieures de la cinquième paire pour les branchies.
    12, 13. Deux rameaux de la seconde branche du nerf ophthalmique.

Fig. 2. Encéphale et oreille du poisson-lune (*orthagoriscus mola*).
    aa. Tubercules olfactifs.
    bb. Hémisphères du cerveau.
    c. Cervelet.
    dd. Moelle alongée.
    ee. Cavité du crâne.
    ffgg. Les trois canaux demi-circulaires.
    h. Sac du labyrinthe.
    i. Lieu de réunion des deux canaux verticaux.
    jj. Deux colonnes cartilagineuses formant poulies.
    k. Ampoule formée par l'une des extrémités d'un canal demi-circulaire au moment de sa réunion au sac.

Fig. 3. Coupe du crâne d'un Dauphin destinée surtout à faire voir l'appareil de l'audition chez cet animal.
    a. Arrière-narines.
    b. Trou occipital.
    c. Condyle occipital.
    d. Fosse temporale.
    eeee. Stylets ossseux qui remplacent les os de la pommette.
    f. Rocher.
    g. Méat auditif externe.
    hh. Trompe d'Eustachi ouverte.
    i. Ouverture de la trompe dans une cavité sous-orbitaire.
    jl. Portion de cette cavité où paroît résider le sens de l'olfaction.

k k. Trajet du nerf maxillaire supérieur dans la cavité.

Fig. 4. Muscles de l'oreille d'un Cheval vus de côté.
1. Muscle scutien rotateur.
2. Muscle occipiti-aurien.
3. Muscle jugo-aurien profond.
4. Muscle jugo-aurien.
5. Muscle vertici-aurien rotateur.
6. Muscle parotido-aurien.

Fig. 5. Muscles de l'oreille d'un Cheval vus de profil.
1. Cornet de l'oreille.
2. Muscle cervici-aurien.
3. Muscle vertici-aurien.
4. Muscle vertico-scutien.
5. Portion de la fosse temporale.
6. Muscle parotido-aurien.
7. Place de l'arcade zygomatique.
8. Place de la mâchoire inférieure.
9. Muscle scutien rotateur.
10. Muscle jugo-scutien.
11. Muscle jugo-aurien.

Fig. 6. Muscles de l'oreille d'un Cheval, vus par-derrière.
1. Muscle cervici-aurien.
2. Muscle occipiti-aurien.
3. Muscle scutien antérieur.
4. Muscle vertici-aurien rotateur.
5. Muscle occipiti-aurien rotateur.
6. Muscle cervici-tubien profond.

Fig. 7. Muscles de l'oreille d'un Cheval, vus par-derrière.
1, 2. Muscle cervici-aurien.
3. Muscle vertici-aurien rotateur.
4. Muscle vertici-aurien profond.
5. Muscle occipiti-aurien rotateur.
6. Place de l'arcade zygomatique.
7. Celle du masseter.
8. Muscle parotido-aurien.
9. Place de la mâchoire inférieure.
10. Celle du trou occipital.

Ensemble des viscères de la digestion chez l'homme adulte.

a a. Estomac.
b c. Foie.
d d d. Grand épiploon.
e e e e. Circonvolutions de l'intestin grêle.

Viscères de la digestion chez l'homme. Détails.

Fig. 1. Estomac.
a. Fin de l'œsophage.
b. Cardia.
c. Pylore.
d d d. Petite courbure.
e e e. Grande courbure.
f. Grand cul-de-sac.
g. Petit cul-de-sac.
h h h. Corps du viscère.
i i i i. Grand épiploon.

Fig. 2, 3. Portions d'épiploon à part.

Fig. 4. Muscles qui composent l'œsophage selon les anciens anatomistes.
a. La cavité du conduit.
b. Sa surface externe.
c c c c. Muscles céphalo-pharyngiens, sphéno-pharyngiens et stylo-pharyngiens.
d d. Muscles œsophagiens propres.

Fig. 5. Mêmes muscles.
a. Face interne de la tunique charnue du viscère.
b c c. La membrane muqueuse déchirée.
d. Les fibres charnues circulaires de l'œsophage.
e e e e. Les muscles indiqués en *c c c c* de la figure précédente.
f f. Muscles œsophagiens propres,

PLANCHE LXII.

Muscles de l'oreille des mammifères. Pannicule charnue.

Fig. 1. Muscles de l'oreille d'un Lapin, vus de côté.
    a. Muscle tragien.
    bb. Muscle parotido-aurien.

Fig. 2. Muscles de l'oreille d'un Lapin, vus par-derrière.
    a. Muscle jug -aurien profond.
    b. Muscle scutien antérieur.

Fig. 3. Muscles de l'oreille d'un Lapin, vus de côté.
    a. Muscle plicateur de l'oreille.
    b. Muscle tubo-hélicien.
    c. Muscle jugo-aurien profond.

Fig. 4. Muscles de l'oreille d'un Lapin, vus par-derrière.
    a. Muscle jugo-aurien profond.
    b. Muscle scutien antérieur.

Fig. 5. Les mêmes muscles, vus encore par-derrière.
    aa. Muscles vertico-scutiens.
    b. Muscle surcili-aurien.
    cc. Muscles cervico-scutiens.
    dd. Muscles cervici-auriens.

Fig. 6. Muscles de l'oreille d'un Mouton, vus par-derrière.
    ab. Muscle vertici-aurien.
    c. Muscle vertico-scutien.
    d. Autre portion du muscle vertici-aurien.
    e. Muscle occipiti-aurien.
    f. Muscle occipiti-aurien rotateur.
    g. Muscle cervici-tubien profond.
    h. Muscle parotido-aurien.
    i. Muscle scutien postérieur.
    j. Terminaison du muscle occipiti-aurien.
    k. Muscle scutien antérieur.

Fig. 7. Les mêmes muscles, vus de côté.
    a. Orbite.
    b. Arcade zygomatique.
    c. Muscle cervici-aurien.
    d. Muscle occipiti-aurien rotateur.
    eh. Muscle vertici-aurien.
    f. Muscle vertico-scutien.
    g. Muscle jugo-aurien profond.
    i. Muscle cervici-tubien profond.
    j. Muscle occipiti-aurien.

Fig. 8. Muscles de l'oreille d'un Chien, vus de profil.
    a. Muscle surcili-aurien.
    b. Muscle scutien antérieur.
    c. Ecusson.
    d. Tragus.
    e. Muscle parotido-aurien.
    f. Muscle jugo-aurien.

Fig. 9. Les muscles de l'oreille d'un Chien, vus de profil encore.
    a. Muscle vertico-scutien.
    b. Muscle occipiti-aurien.
    c. Muscle cervico-scutien.
    d. Muscle surcili aurien.
    e. Ecusson.
    f. Muscle occipiti-aurien rotateur.
    gh. Muscle cervici-aurien.
    i. Muscle scutien antérieur.

Fig. 10. Pannicule charnue du Hérisson.
    aaa. Muscle du dos ovale à fibres concentriques.

Fig. 11. Muscles plus profonds que le précédent.
    a. Muscle qui de la tête va se perdre dans l'orbiculaire du dos.
    b. Muscle antérieur, ayant les mêmes insertions.
    c. Autre muscle encore plus antérieur, mais analogue aux deux précédens.
    ddd. Muscle peaucier transversal.

PLANCHE LXII *bis*.

Fig. 1. Pannicule charnue du Hérisson.
- *a*. Muscle orbiculaire dorsal.
- *bbbb*. Son pourtour plus épais que le centre.
- *cc*. Paire de muscles qui unit la queue à l'orbiculaire du dos.
- *dd*. Paire de muscles qui unit la tête à l'orbiculaire du dos.
- *e*. Muscle qui unit le sternum à l'orbiculaire du dos.
- *f*. Analogue du peaucier du cou.
- *g*. Portion interne du grand peaucier du ventre.
- *h*. Le grand peaucier du ventre.
- *i*. Muscle qui unit la tête à l'orbiculaire du dos.

Fig. 2. Pannicule charnue du Hérisson, vue du côté du ventre.
- *aa*. Muscle qui correspond au peaucier du cou.
- *bb*. Muscle qui, de la ligne moyenne du sternum, monte au muscle orbiculaire du dos.
- *cc*. Portion interne du grand peaucier du ventre qui va s'insérer à l'os du bras.
- *dd*. Muscle grand peaucier du ventre.

Fig. 3. Muscles du boutoir dans le Cochon.
- 1. Muscle supérieur du boutoir.
- 2. Second muscle du boutoir.
- 3. Troisième muscle du boutoir.
- 4. Muscle surcili-aurien.
- 2′. Muscle jugo-scutien.
- 5. Muscle jugo-aurien.

Fig. 4. Muscles du boutoir dans la Taupe, vus de côté.
- *a*. Muscle crotaphite.
- *b*. Muscle masseter.
- 1, 2, 3, 4. Les quatre muscles du boutoir.

Fig. 5. Les mêmes vus en dessus.
- *aa*. Muscles temporaux.

bb. Tendons des deux premiers muscle du boutoir.
- *c*. Aponévrose qui résulte de leur réunion

Fig. 6. Les mêmes, vus par-dessous.
- *aa*. Tendons des deux muscles marqués 4 dans la figure 4.
- *b*. Leur réunion sous le boutoir en une seule aponévrose.

Fig. 7. Muscles du nez et des lèvres dans le Cheval.
- *a*. Muscle transverse.
- *b*. Muscle releveur de la lèvre supérieure.
- *c*. Muscle court.
- *de*. Muscle maxillaire de Bourgelat.
- *g*. Muscle zygomatique.
- *h*. Muscle pyramidal.
- *i*. Muscle molaire interne.

Fig. 8. Muscles du nez et des lèvres dans le Cheval.
- *a*. Muscle transversal.
- *bd*. Muscle releveur de la lèvre supérieure.
- *c*. Muscle pyramidal.
- *e*. Muscle releveur de l'appendice.
- *f*. Muscle buccinateur.

Fig. 9. Naseaux du Cheval dépouillés de leurs muscles.
- *a*. Cartilage semi-lunaire.

Fig. 10. Naseaux du Cheval dépouillés de leurs muscles.
- *a*. Cartilage semi-lunaire.
- *b*. Fausse narine.

PLANCHE LXII *ter*.

Fig. 1. Portion de trompe d'Éléphant coupée de manière à faire voir la disposition des muscles qui entrent dans sa composition.
- *aef*. Assemblage de muscles transversaux, coupés les uns en travers, les autres dans le sens de leur longueur.
- *dd*. Coupé verticale en travers, dans laquelle on voit les petits mus-

cles transversaux dans le sens de leur longueur, leur direction très-variée, le plan de section des muscles longitudinaux, celui des principaux nerfs et des vaisseaux sanguins divisés en travers, et celui enfin des deux canaux qui longent la face inférieure de la trompe.

h b g c h. Coupe verticale en long.

Fig. 2. Muscles du nez dans le Dauphin.
a. Langue vue en dessus.
b b. Narines.
c. Muscle stylo-glosse.
d. Larynx.
e. Corne gauche de l'os hyoïde.

Fig. 3. Crâne du Dauphin, ouvert par en haut.
a. Cavité commune, dans laquelle on voit l'ouverture supérieure des narines et la poche droite.
b b. Seconde couche des expansions musculaires.
c. Poche gauche gonflée.
d d. Orbites.

Fig. 4. Dessus du crâne d'un Dauphin, mis à découvert.
a. Ouverture extérieure des jets.
b c. Expansions musculaires qui s'étendent sur les poches des jets.

Fig. 5. Narines et muscles du nez dans le Dauphin.
a a. Cavité intermédiaire enlevée de dessus les narines supérieures.
b b. Valvule enlevée de même.
c c. Muscle enlevé de même.
d d. Os inter-maxillaire sur lequel ce muscle étoit couché.
e e. Narines supérieures.
f f. Orbites.

Fig. 6. Ouvertures des narines supérieures dont on a écarté les lèvres.
a a. Valvule qui couvre cette ouverture.

b b. Commencement des narines supérieures.
c. Cloison des narines.

On voit dans cette figure, en haut et un peu de côté, la poche à jets du côté droit.

PLANCHE LXIII.

Viscères d'un Phoque (1).

Fig. 1. Le cœur et l'origine des gros vaisseaux.
a. Le cœur.
b. Crosse de l'aorte.
c c. Oreillettes du cœur.
d. Veine cave.
e. Artère axillaire gauche.
f. La droite.
g g. Nerfs récurrens.
h h. Carotides.

Fig. 2. Rapports de la veine cave avec le cœur.
a c. Tronc de la veine fendue avec ses ouvertures à l'endroit où elle est attachée au cœur, et le repli transversal qui forme sa membrane interne.
b. Cœur.

Fig. 3. Les reins et les principaux vaisseaux.
a. Tronc de la veine cave.
b. Aorte.
c c. Veines et artères adipeuses.
d. Glande rénale.
e e. Vaisseaux émulgens droits.
f. Les mêmes vaisseaux du côté gauche.
g. Rein gauche.
h. Veine spermatique gauche.
i i. Rein droit fendu dans le sens de sa longueur.
j j j j. Petits bassinets particuliers.

Fig 4. Appareil biliaire.
a c. Foie.
b. Vésicule du fiel.

---

(1) C'est par erreur que le titre de la gravure indique que ces viscères appartiennent à un LAMANTIN.

Fig. 5. Langue.

Fig. 6. Estomac ouvert, de manière à faire voir ses rides intérieures.

Fig. 7. Œil ouvert.

    a. Sclérotique.

    b b. Corps vitré.

    c. Crystallin.

    d f. Divisions de l'artère centrale de la rétine.

    e. Entrée du nerf optique dans l'œil.

Fig. 8. Un des poils de la barbe grossi.

PLANCHE LXIII *bis.*

Organes préparateurs du parfum de la Civette.

Fig. 1. Région postérieure du tronc de cet animal, où l'on voit ces organes sans préparation.

    a. Gland de la verge.

    b b. Poches dans lesquelles est renfermé le parfum.

    c c. Place qu'occupent les testicules au-dessous de la peau.

    d. Anus.

    e. Section de la queue.

Fig. 2. La poche du parfum avec ses parois écartées, chez la femelle.

    a. Clitoris.

    b. Orifice du vagin.

    c c. Orifices des réservoirs du parfum.

    d. Anus.

    e. Section de la queue.

Fig. 3. Parties génitales et organes préparateurs du parfum chez la femelle.

    a a. Ligamens de l'ovaire.

    b b. Ovaires.

    c c. Pavillon des trompes.

    d d. Cordons sus-pubiens.

    e e. Poches où se secrète le parfum, renversées.

    f. Vagin.

    g. Son orifice.

    h. Vessie.

    i i. Trompes utérines.

Fig. 4. Parties de la génération chez le mâle.

    a a. Cinquième paire des muscles attachés aux poches.

    b b. Première paire de ces mêmes muscles.

    c c. Extrémités de ces muscles épanouie et attachées aux poches.

    d d. Quatrième paire des mêmes muscles.

    e e. Testicules.

    f f. Section des muscles crémastères et des vaisseaux spermatiques.

    g g. Conduit dans lequel la verge est cachée.

Fig. 5. Portion des parois d'une des poches, grossie.

    a a. Ouvertures par lesquelles l'humeur secrétée passe de la petite cavité dans le grand réservoir.

PLANCHE LXIII *ter.*

Viscères d'un Castor.

Fig. 1. Une des pattes de devant.

Fig. 2. Organes de la génération, appareil secréteur du castoréum.

    a a. Os pubis.

    b b. Muscles crémastères.

    c c. Premières poches du castoréum. Ce sont les plus grandes.

    d. Origine de la verge.

    e. Sommet de la vessie.

    f. Ouverture commune à l'intestin et à la verge.

    g g. Epididymes.

    h h. Testicules.

    i i. Vaisseaux spermatiques.

    k k. Conduits déférens.

    l l. Secondes poches du castoréum.

    m m. Troisièmes poches renfermées dans les secondes.

Fig. 3. Encéphale d'un Castor.
   a a. Hémisphères du cerveau.
   b. Sinus longitudinal supérieur.
   c c d d. Autres sinus de la dure-mère.
Fig. 4. Portion du gros intestin.
   a a. Partie du colon.
   b. Cæcum.
   c. Mésocæcum.
Fig. 5. Os de la verge.
   a. Son sommet.
   b. Sa base.

PLANCHE LXIV.

Viscères d'un Lynx commun.

Fig. 1. L'abdomen ouvert.
   a. Estomac.
   b. Vésicule du fiel.
   c c. Foie.
   d d. Parois de l'abdomen écartées.
   e e e. Grand épiploon avec ses paquets grais-
     seux.
   g. Rate.
Fig. 2. Rein isolé.
Fig. 3. Circonvolutions des intestins, telles
   qu'elles sont enveloppées par l'épiploon.
   a a. Circonvolutions des intestins.
Fig. 4. Face supérieure de la langue avec ses pa-
   pilles.

PLANCHE LXV.

Viscères d'un Renard de mer, *Carcharias
vulpes*, d'après les anatomistes de l'ancienne Académie royale des Sciences.

Fig. 1. L'animal dans son entier et vu de côté,
   de manière à laisser apercevoir les ouvertures de ses branchies et la disposition de ses nageoires.
Fig. 2. Le même vu par le ventre, avec la cavité
   abdominale ouverte.
   a. Cœur.
   b c. Lobe droit du foie.

d f. Lobe gauche du foie.
   e. Veine cave.
g h. Estomac.
   i. Rate.
k l. Intestin.
   m. Vaisseaux qui se portent du cœur vers
     la tête.
   n. Oreillette du cœur.
Fig. 3. L'intestin ouvert.
   a. Fin du duodénum.
   b. Commencement du rectum.
   c c. Valvule en spirale qui en parcourt la
     cavité.
Fig. 4. Œil isolé.
   a. Nerf optique.
   b. Cornée transparente plissée sur le crys-
     tallin.
   c c. Rebord de la sclérotique.

PLANCHE LXVI.

Fig. 1. Parties extérieures de la génération chez
   la Femme.
Fig. 2. Les mêmes, vues en dessous, avec les
   grandes lèvres un peu écartées pour
   laisser voir les parties constituantes de
   la vulve.
   a. Mont de Vénus.
   b b. Poils frisés qui l'ombragent.
   c c. Grandes lèvres.
   d. Anus.
   e. Périnée.
   f. Clitoris.
   g. Nymphes ou petites lèvres.
   h. Méat urinaire.
   i. Entrée du vagin.
Fig. 3. Membrane hymen perforée.
Fig. 4. La même, imperforée.
Fig. 5. Une des caroncules myrtiformes.

PLANCHE LXVII.

Fig. 1. Parties internes de la génération chez la
   Femme.

a a a. Grandes lèvres séparées et écartées en dehors.

b b. Nymphes.

c. Caroncules myrtiformes.

d. Intérieur du vagin.

e. Anus.

f. Périnée.

g. Orifice de l'utérus.

h h. Col de l'utérus.

i. Corps de l'utérus.

j j. Ovaires.

k k. Trompes utérines.

l l. Ligamens larges.

m m. Cordons sus-pubiens, ou ligamens ronds.

n n. Extrémité plus volumineuse de la trompe.

o o. Morceau frangé, ou pavillon.

Fig. 2. Les mêmes parties, vues de profil.

a. Vulve.

b. Anus.

c. Mont de Vénus.

d d. Rectum.

e. Sommet de la vessie.

f. Col de la vessie.

g. Repli péritonéal.

h. Corps de l'utérus.

i. Son col.

j. Vagin.

k. Uretère.

l. Ligament large.

Fig. 3. Le vagin vu par dehors.

a. Son extrémité utérine.

b. Son extrémité vulvaire.

c. Sa partie moyenne.

Fig. 4. Le vagin ouvert.

a a. Face interne des nymphes.

b. Colonne longitudinale.

c c. Rides transversales.

PLANCHE LXVIII.

Parties internes de la génération chez la Femme.

Fig. 1.

a. Corps de l'utérus.

b. Sommet de la vessie.

c. Rectum.

d d. Trompes utérines au moment où elles vont s'appliquer sur les ovaires.

e e. Ovaires.

f f f. Grand épiploon relevé.

g g h h. Parois de l'abdomen renversées.

i i. Poils du mont de Vénus.

Fig. 2. Utérus isolé.

a. Son corps.

b. Un bout du vagin.

c. Orifice externe de l'utérus.

d d. Origine des trompes utérines.

e e. Ligamens des ovaires.

f j. Cordons sus-pubiens.

Fig. 3. Utérus ouvert transversalement dans le sens de sa longueur.

a. Cavité de son corps.

b. Celle de son col.

c. Son orifice externe, ou *museau de tanche.*

d d e. Paroi interne du vagin.

f f. Origine des trompes utérines.

g g g. Parois épaisses du corps de l'utérus.

Fig. 4. Utérus fendu longitudinalement d'avant en arrière.

a. Cavité du corps.

b. Celle du col.

c. Lèvre postérieure du museau de tanche.

d. Lèvre antérieure.

e. Orifice externe de l'utérus.

f. Paroi interne du vagin.

PLANCHE LXIX.

Fig. 1. Disposition des cordons sus-pubiens, et leur passage par le canal inguinal.

a. Corps de l'utérus.

b. Trompe utérine.

c c. Cordons sus-pubiens et épanouissement de leurs fibres.

d. Anneau sus-pubien.

e e. Aponévrose du muscle grand oblique de l'abdomen.

ff. Tissu cellulaire adipeux du mont de Vénus.

Fig. 2. Un ovaire isolé.

Fig. 3. Un ovaire fendu dans le sens de sa longueur.

Fig. 4. Fœtus de neuf mois.

PLANCHE LXX.

Fig. 1. Embryon avec ses membranes au quinzième jour de la conception.

Fig. 2. Œuf humain au vingt-unième jour de la conception.

Fig. 3. Le même, ouvert.

Fig. 4. Embryon de quarante-cinq jours.

Fig. 5. Embryon de deux mois.

Fig. 6. Fœtus de trois mois enveloppé dans ses membranes.

Fig. 7. Fœtus de quatre mois.

Fig. 8. Fœtus de cinq mois, avec son placenta et ses membranes.

PLANCHE LXXI.

Fig. 1. Fœtus avec son cordon ombilical.

Fig. 2. Placenta vu par la face utérine.

a. Placenta.

b b. Cordon ombilical.

Fig. 3. Placenta vu par sa face fœtale.

Fig. 4. Placenta double.

Fig. 5. Cordon ombilical noué.

a a a. Nœuds.

PLANCHE LXXII.

Système de la circulation dans le Fœtus.

Fig. 1. Disposition du canal artériel.

a. Aorte.

b. Artère pulmonaire.

c. Canal artériel.

d. Veine cave supérieure.

e e. Artères carotides primitives.

f. Oreillette droite du cœur.

g. Oreillette gauche.

h. Ventricule droit.

i. Ventricule gauche.

jj. Poumons.

Fig. 2. Vue du trou de Botal.

Fig. 3. Disposition du canal veineux.

a. Lobe gauche du foie.

b. Lobe droit.

c. Vésicule du fiel.

Fig. 4. Disposition des artères ombilicales.

abc. Tronc de l'artère et de la veine hypogastriques, et naissance des artères ombilicales.

d. Vessie.

e e. Uretères.

f. Ouraque.

g. Ombilic.

PLANCHE LXXIII.

Anatomie du Caméléon, d'après les Membres de l'ancienne Académie royale des Sciences.

Fig. 1. Squelette de ce Saurien.

Fig. 2. Son abdomen ouvert.

a. Vésicule du fiel.

b. Pylore.

c. Estomac.

d. Commencement de l'intestin.

e. Lobe gauche du foie.

f. Veine cave.

g. Intestin.

h. Œsophage.

Fig. 3. Appareil de la respiration.

a a a d. Le poumon enflé.

b. Trachée-artère.

c. Premier os du sternum.

e. Lobe gauche du foie.

Fig. 4. Appareils urinaire et génital.

a a. L'intestin.

b. L'utérus.

c c. Les reins.

dd. Les oviductes.

Fig. 5. Organes de la vision,

　aa. Yeux.

　bb. Nerfs optiques.

　c. Encéphale.

Fig. 6. *a.* Trompe raccourcie,

　b. Langue.

　c. Os hyoïde.

Fig. 7. Langue ou trompe dans son état d'alon-
gement.

　a. Langue.

　bb. Trompe.

　c. Stylet cartilagineux.

　d. Os hyoïde.

PLANCHE LXXIV.

Encéphale des mammifères et des poissons.

Fig. 1. Moitié de l'encéphale d'un Dauphin vue
en dessus.

Fig. 2. La même partie, vue en dessous.

　a. Entre-croisement des nerfs optiques.

　b. Pont de Varoli.

　c. Eminences olivaires et pyramidales.

　d. Moelle alongée.

　1. Nerf optique.

　3. Nerf moteur oculaire commun.

　4. Nerf pathétique.

　5. Nerf trifacial.

　6. Nerf moteur oculaire externe.

　7. Nerf facial et nerf acoustique.

　8. Nerf pneumo-gastrique.

　9. Nerf hypoglosse.

Fig. 3. Les hémisphères du cerveau du même animal coupés horizontalement.

　aa. Corps cannelés.

　bb. Ventricules antérieurs.

　c. Corps calleux.

　dd. Eminences quadrijumelles postérieures.

　e. Une des éminences mamillaires antérieures,

f. Protubérance vermiforme.

gg. Plexus choroïdes.

h. Commissure antérieure.

i. Couche des nerfs optiques.

Fig. 4. Encéphale d'une Carpe vu en dessus,

　aa. Nœuds des nerfs olfactifs.

　bb. Ces nerfs.

　cc. Hémisphères du cerveau.

　d. Cervelet.

　e. Tubercule impair.

　ff. Tubercule en arrière du cervelet.

　g. Moelle alongée.

Fig. 5. Encéphale de la Carpe vu en dessus, avec
les hémisphères du cerveau coupés et
renversés pour faire voir les éminences
quadrijumelles antérieures qui rem-
plissent les ventricules latéraux.

　dd. Eminences quadrijumelles antérieures.

　e. Cervelet.

　f. Tubercule impair.

　gg. Tubercule en arrière du cervelet.

　h. Moelle alongée.

　N. B. Les autres lettres ont la même signification que dans la figure 1.

Fig. 6. Le même, avec les éminences *nates* écartées par leur partie postérieure.

　aa. Nœuds des nerfs olfactifs.

　bb. Ces nerfs.

　cc. Hémisphères du cerveau,

　dd. Éminences *nates*,

　ee. Éminences *testes*,

　f. Cervelet.

　g. Tubercule impair.

　hh. Gros tubercules en arrière.

　i. Moelle alongée.

Fig. 7. Le même, avec les éminences *nates* et
testes enlevées.

　aabb. Comme dans les figures précédentes.

　cc. Quatrième ventricule,

　d. Cervelet,

e. Tubercule impair.

ff. Gros tubercules en arrière du cervelet.

g. Moelle alongée.

hh. Corps cannelé.

Fig. 8. Le même. Les hémisphères enlevés permettent de voir les couches optiques.

aabb. Comme dans la figure 1.

c. Cervelet.

d. Tubercule impair.

ee. Gros tubercules en arrière du cervelet.

f. Moelle alongée.

hh. Couche des nerfs optiques.

Fig. 9. Le même, avec l'un des nerfs olfactifs enlevé, pour faire voir l'entre-croisement des nerfs optiques.

ab. Comme dans la figure 1.

cc. Nerfs optiques.

d. Cervelet.

ee. Tubercules en arrière de celui-ci.

f. Moelle alongée.

Fig. 10. Encéphale de Carpe, dont le cervelet a été rejeté en avant.

a. Cervelet.

bbc. Tubercules qui sont au-dessous de lui.

dd. Gros tubercules en arrière de lui.

e. Moelle alongée.

Fig. 11. Encéphale de Carpe, dont le cervelet a été fendu pour montrer le quatrième ventricule.

aa. Hémisphères du cervelet.

bb. Tubercules situés au-dessous de lui.

ccd. Autres tubercules situés derrière lui.

Fig. 12. Encéphale de la Carpe, vu par-dessous.

aa. Nerfs optiques.

bb. Couches optiques.

Fig. 13. Encéphale de l'Anguille, vu en dessus.

aaa. Trois tubercules existant de chaque côté des nerfs olfactifs.

bb. Ces nerfs.

c. Nerf optique.

dd. Hémisphères du cerveau.

e. Cervelet.

Fig. 14. Le même vu en dessous.

aaaa. Tubercules olfactifs.

bb. Couches optiques.

cc. Cervelet.

d. Moelle alongée.

Fig. 15. Le même vu en dessus, avec les hémisphères du cerveau et le cervelet enlevés.

aa. Tubercules olfactifs.

bb. Ventricules du cerveau ouverts.

Fig. 16. Encéphale de l'Anguille.

aa. Tubercules olfactifs postérieurs.

bbcd. Les quatre ventricules encéphaliques formant une seule cavité.

PLANCHE LXXV.

Histoire anatomique de la Vipère ammodyte, d'après Charas.

Fig. 1. Queue et organes de la génération chez un individu mâle adulte.

a. Extrémité de la queue.

bb. Dilatations du canal déférent prises par Charas pour les prostates ou les réservoirs du sperme.

cc. Les deux verges avec les épines dont elles sont hérissées.

ddd. L'intestin.

ee. Les deux reins.

Fig. 2. Vipère mâle écorchée avec le ventre ouvert.

a. Vésicule du fiel.

b. Fond de l'estomac.

c. Commencement de l'intestin.

dd. Parois de la cavité thoraco-abdominale.

ee. Testicules.

ff. Intestin.

ggg. Canaux spermatiques, laissant les

reins en dehors d'eux et près des tégumens.

Fig. 3. Vipère mâle écorchée avec le ventre ouvert, sous un nouvel aspect.

   a. Estomac.

   b. Foie.

   c c. Œsophage.

   d. Cœur.

   e. Thymus.

   f. Aorte descendante.

   gg. Parois de la cavité thoraco-abdominale.

   h. Trachée-artère.

Fig. 4. Partie du corps d'une Vipère femelle dont la cavité thoraco-abdominale a été ouverte, comme chez les mâles des figures précédentes.

   a. Vésicule du fiel.

   b b b. Les œufs contenus dans les ovaires.

   c. Parois de la cavité thoraco-abdominale.

Fig. 5, 6. Viscères d'une Vipère, qui a avalé un Lézard, dont une portion est déjà digérée.

   a a. Estomac, où la digestion de la tête du Lézard s'est faite.

   b b. Œsophage, dans lequel le corps et la queue de cet animal sont encore contenus.

Fig. 7. Portion de ce même Lézard non digérée et vomie par la Vipère plusieurs jours après son ingestion.

Fig. 8. Reste de la tête vomi en même temps.

Fig. 9. Queue et partie des viscères d'une Vipère femelle.

   a. Queue.

   b b. Orifice des parties génitales.

   c c. Deux petites poches.

   d d d. Les deux oviductes ou corps de la matrice selon Charas.

   e e. Intestin.

   f f. Ovaires.

Fig. 10. Queue et orifice des parties génitales chez une autre femelle.

Fig. 11. Vipère femelle mettant au jour ses vipéreaux.

Fig. 12, 13, 14, 15. Quatre de ces vipéreaux, arrivés au terme de leur naissance.

Fig. 16, 17, 18. Trois autres de ces petits sortis déjà du corps de la mère, l'un d'eux traînant encore après lui une portion de ses membranes en lambeaux.

PLANCHE LXXVI.

Histoire anatomique de la Vipère ammodyte, d'après Charas.

Fig. 1. Squelette entier de ce reptile.

Fig. 2. Tête de Vipère, la gueule fermée.

Fig. 3. Tête de Vipère, la gueule ouverte et la langue sortie.

Fig. 4. Intérieur de la gueule d'une Vipère, ouverte et vue de face.

Fig. 5. Intérieur de la gueule d'une Vipère, plus ouverte encore que dans la figure précédente.

Fig. 6. Crâne d'une Vipère, vu en dessus.

Fig. 7. Crochets à venin. — Mode de leur succession.

Fig. 8. Articulation d'un crochet à venin sur les os de la mâchoire supérieure.

Fig. 9. Mandibule.

Fig. 10. Les yeux, l'encéphale, les glandes à venin de la Vipère, vus en dessus.

Fig. 11. Les mêmes parties, vues en dessous.

Fig. 12. Une des glandes à venin, avec ses vaisseaux, un peu grossie.

Fig. 13. Portion de la colonne vertébrale vue par-derrière.

Fig. 14. Portion de la colonne vertébrale vue par-devant.

Fig. 15. Poumon, avec la trachée-artère.

Fig. 16. Foie séparé en deux lobes par la veine cave.

Fig. 17. Appareil biliaire.

   a. Vésicule du fiel avec son canal excréteur.

   b. Glande analogue à la rate ou au pancréas.

   c. Intestin.

Fig. 18. Le cœur et ses annexes.

PLANCHE LXXVII.

Fig. 1. Os hyoïde d'un Iguane ordinaire.

   a. Branche impaire qui pénètre dans la langue.

   b. Une des branches qui pénètrent dans le goître.

   d c. Branches analogues aux cornes hyoïdes des oiseaux.

Fig. 2. Os hyoïde du Crocodile du Nil.

   a. Plaque cartilagineuse moyenne ou corps.

   b b. Cornes hyoïdes.

   c. Trachée-artère.

Fig. 3. Os hyoïde du Moniror du Nil.

   a a. Cornes antérieures composées de deux pièces mobiles.

   b b. Cornes postérieures.

   c. Corne antérieure moyenne.

   d d. Point où les deux pièces des cornes antérieures se meuvent l'une sur l'autre.

Fig. 4. Os hyoïde du Lézard gris.

   a. Corne antérieure moyenne.

   b d b d. Branches analogues aux cornes hyoïdes des oiseaux.

   c c. Cornes postérieures.

   e. Trachée-artère.

Fig. 5. Os hyoïde d'un Gecko à tête plate.

Fig. 6. Os hyoïde d'un Amphisbène.

Fig. 7. Os hyoïde d'une Couleuvre.

Fig. 8. Os hyoïde d'une Salamandre.

   a. Pièce qui répond au corps.

   b b. Pièces qui représentent les cornes postérieures.

c c. Leurs anses.

   d d. Plaques détachées qui tiennent lieu de cornes antérieures.

Fig. 9. Os hyoïde d'une Tortue grecque.

   a. Pièce cartilagineuse qui répond au corps.

   b b. Cornes antérieures.

   c c. Cornes postérieures.

Fig. 10. Os hyoïde d'une Grenouille.

   a. Corps.

   b b. Cornes antérieures.

   c c. Cornes postérieures.

Fig. 11. Muscles de la langue de l'Échidné, d'après M. Cuvier.

   a. Muscle mylo-hyoïdien.

   b. Sa portion accessoire.

   c c. Portions des muscles génio-hyoïdiens.

   d. Muscle génio-glosse.

   e e. Muscle sterno-glosse développé.

   f. Le même non développé.

   g g h. Muscle annulaire et membrane de la langue.

Fig. 12. Tête d'un Buccin, avec sa trompe dans l'état de prostration.

Fig. 13. La même, avec la trompe dans l'état de rétraction.

Fig. 14. La trompe d'un Buccin ouverte dans toute sa longueur.

Fig. 15. Langue d'un Buccin, avec ses muscles rétracteurs et protracteurs, et l'extrémité antérieure de l'œsophage ouverte.

Fig. 16. Les deux cartilages qui soutiennent la langue du Buccin.

PLANCHE LXXVIII.

Anatomie de l'Ours des Alpes.

Fig. 1. Patte droite de devant.

   a. Cinquième doigt ou analogue du petit doigt.

   b. Premier doigt ou analogue du pouce.

   c. Extrémité antibrachiale de la patte.

d. Callosité du poignet.

Fig. 2. Patte droite de derrière.
- *a.* Cinquième orteil.
- *b.* Premier orteil.
- *c.* Talon.

Fig. 3. Estomac.
- *a.* Œsophage.
- *b.* Pylore.

Fig. 4. Rein droit dans son entier.
- *a.* Veine émulgente.
- *b.* Artère émulgente.
- *c.* Uretère.
- *de.* Les deux extrémités du rein.

Fig. 5. Le même rein retourné sur son autre face et en partie ouvert.
- *a.* Uretère.
- *b.* Veine émulgente.
- *c.* Artère du même nom.
- *de.* Les deux extrémités du rein.

Fig. 6. Un des lobules rénaux, ouvert par le milieu.
- *a.* Le rameau de l'artère émulgente qui se distribue dans son intérieur.
- *b.* La veine émulgente correspondante.
- *cc.* L'uretère coupé dans le sens de sa longueur.
- *dd.* Sinus des bassinets.
- *ee.* Mamelons.
- *ff.* Bassinets ouverts.

Anatomie du Chameau, d'après les Membres de l'ancienne Académie royale des Sciences.

Fig. 1. Langue.
- *a.* Dos de sa partie antérieure.
- *b.* Centre duquel partent en rayonnant les éminences de sa partie postérieure.

Fig. 2. Estomacs.
- *a.* Panse.
- *bb.* Cavités à cellules dans lesquelles l'eau est mise en réserve.
- *c.* Second estomac.
- *d.* Troisième estomac.
- *e.* Quatrième estomac.
- *fg.* Portion de l'épiploon.

Fig. 3. Portion du colon, qui fait six révolutions opposées les unes aux autres, et indiquées par des chiffres.

Fig. 4. Une des poches à cellules pratiquées dans les parois du premier estomac, vue à l'intérieur.

Fig. 5. Foie, à part.

Fig. 6. Corps pinéal isolé.

Fig. 7. Extrémité de la verge.
- *a.* Gland.
- *b.* Prépuce.

Fig. 8. Pied vu en dessus.

Fig. 9. Pied vu en dessous.

FIN DE L'EXPLICATION DES FIGURES POUR LE SYSTÈME ANATOMIQUE.

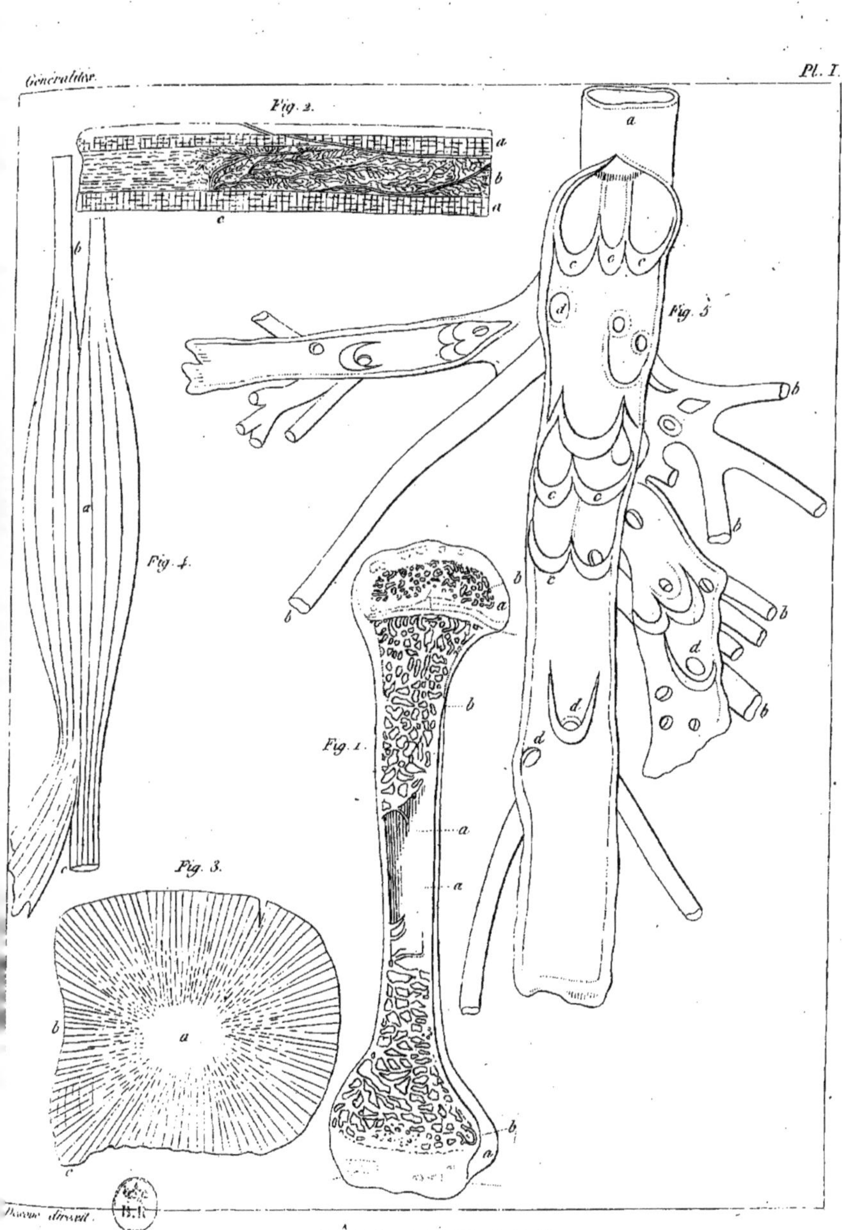

SYSTÈME ANATOMIQUE

(Tissus organiques.)

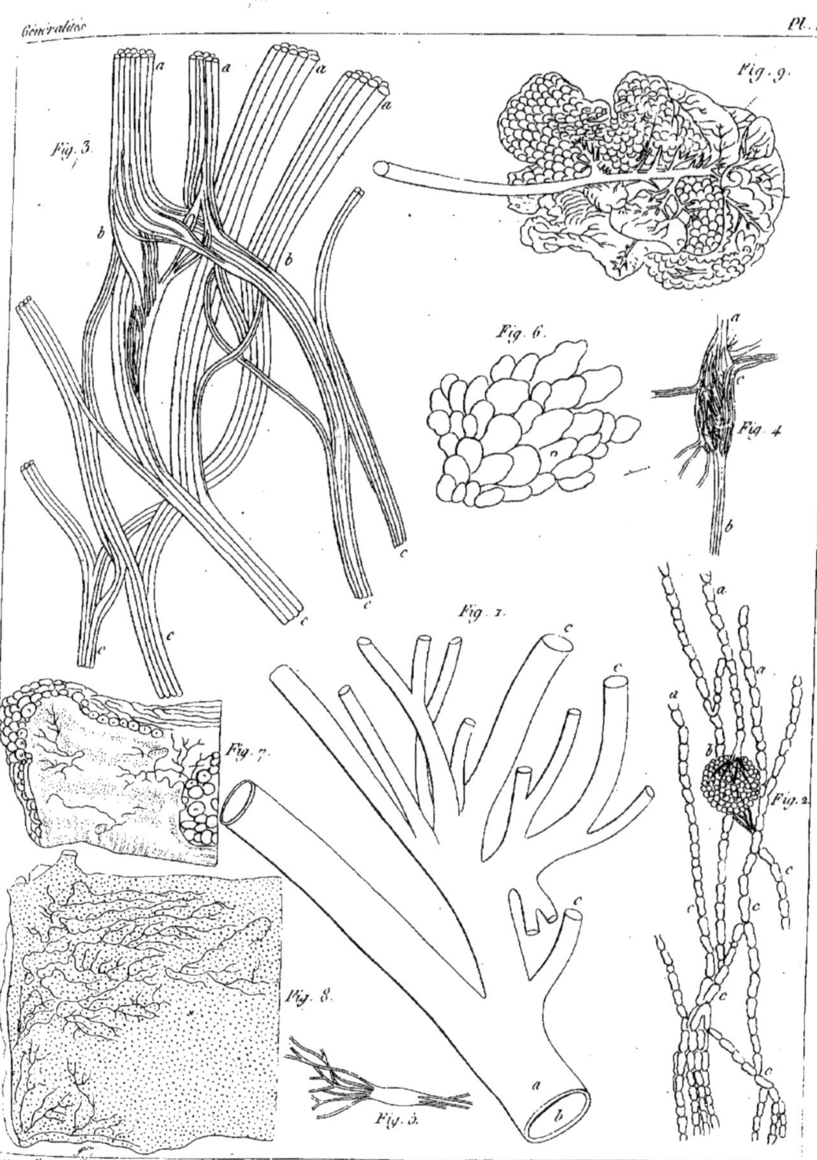

SYSTÈME ANATOMIQUE

(Tissus organiques).

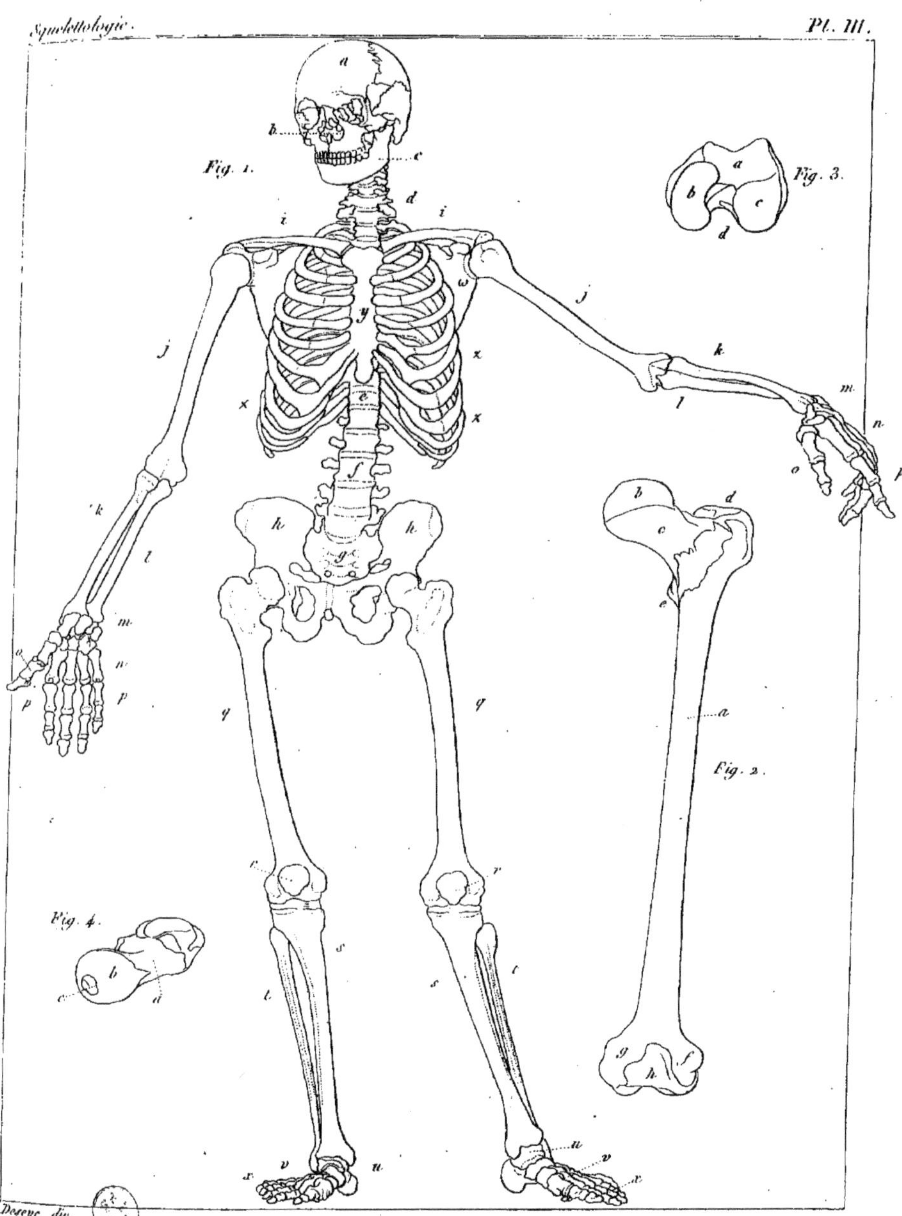

SYSTÊME ANATOMIQUE

Homme . Squelette.

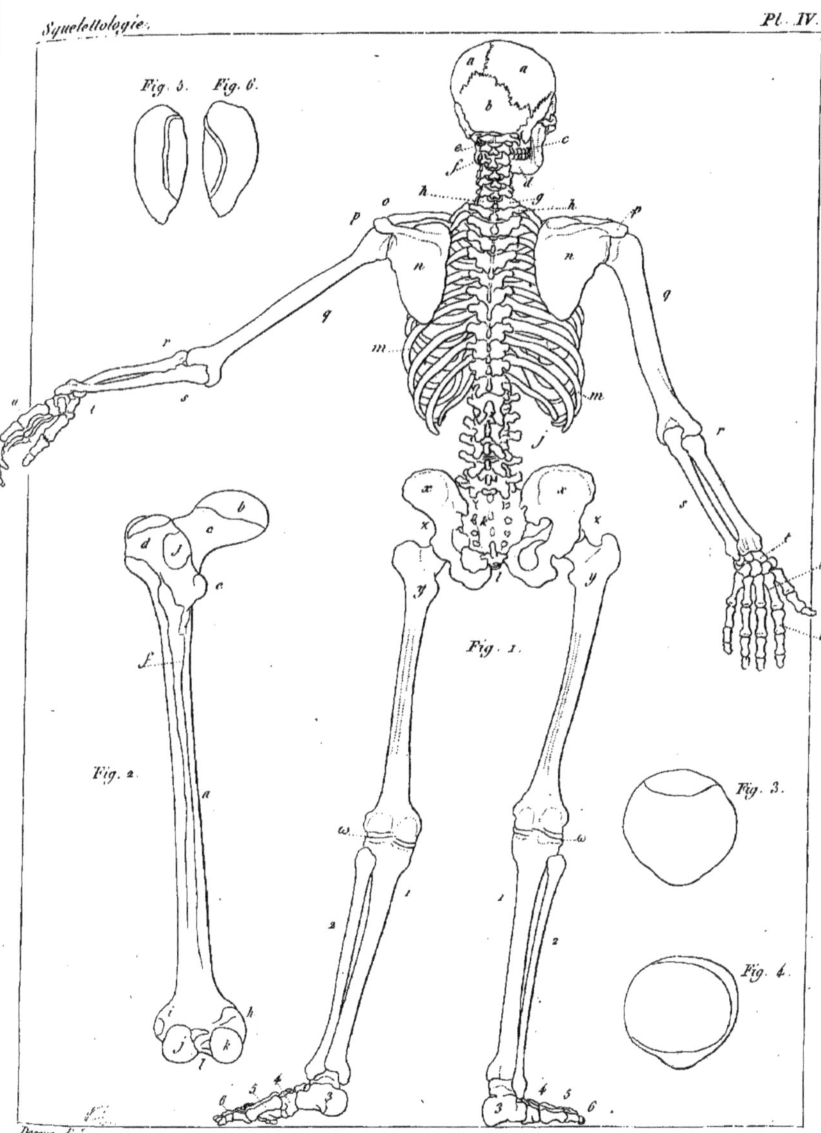

SYSTÈME ANATOMIQUE
Homme , *Squelette*.

…eve del. et dir.

SYSTÈME ANATOMIQUE.

Homme. *Squelette.*

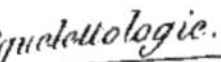

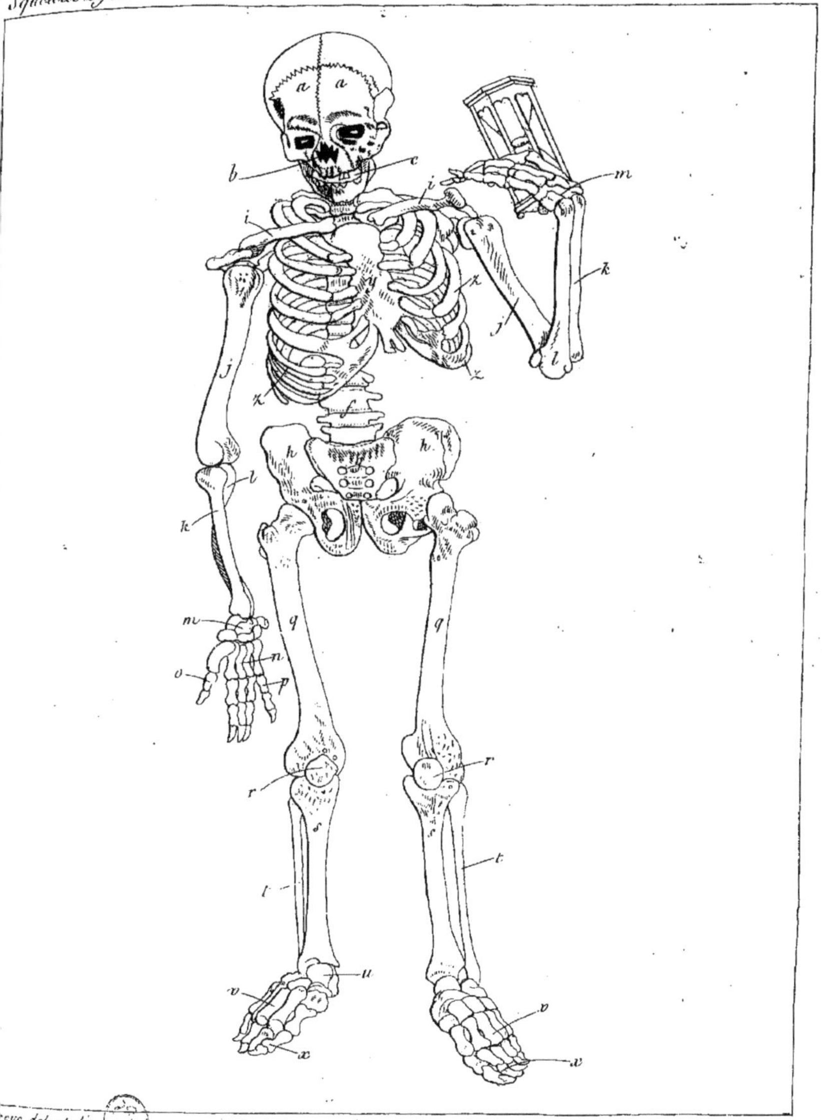

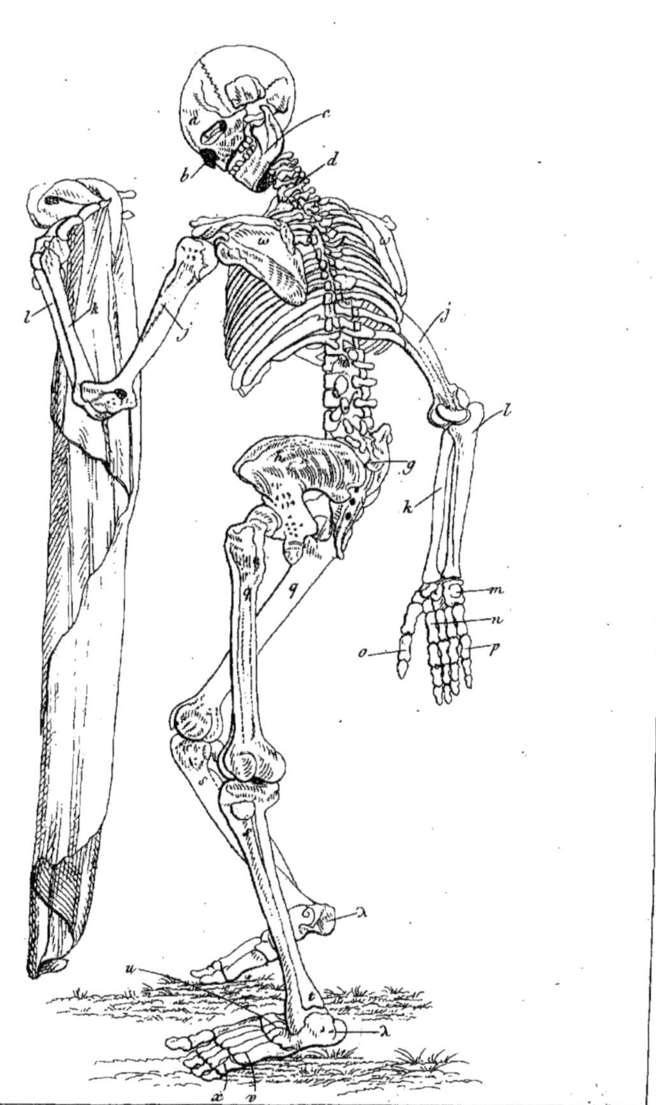

SYSTÈME ANATOMIQUE.
Homme. Squelette.

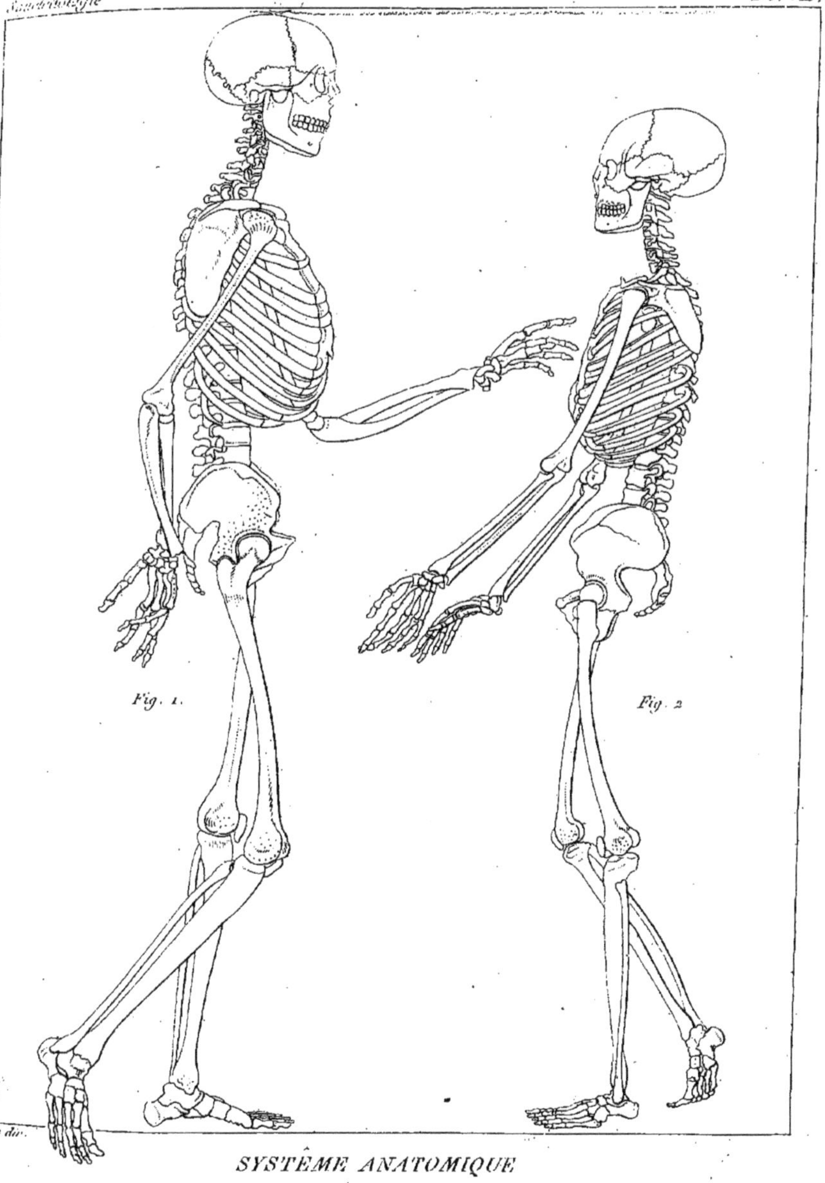

Fig. 1.

Fig. 2.

SYSTÊME ANATOMIQUE

Homme , différences du Squelette selon les sexes.

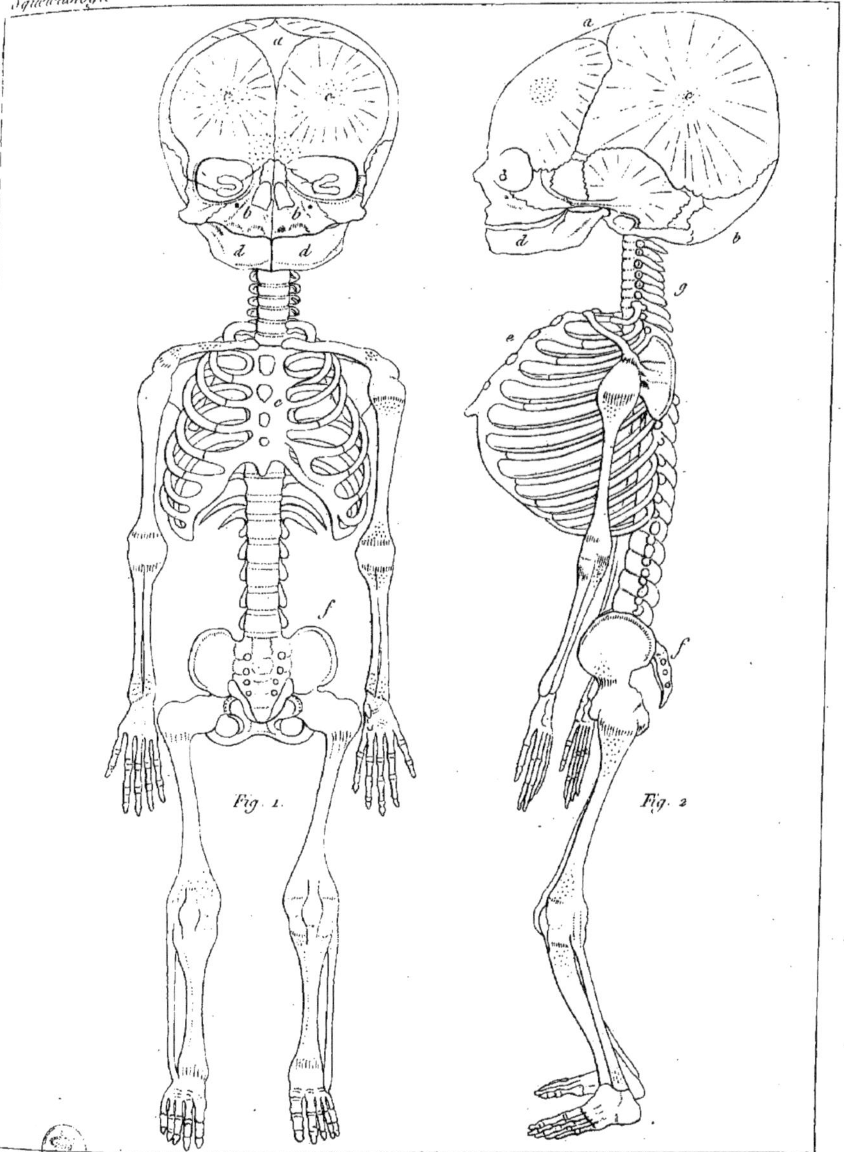

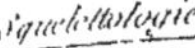

SYSTÉME ANATOMIQUE.

Homme. *Squelette du fœtus.*

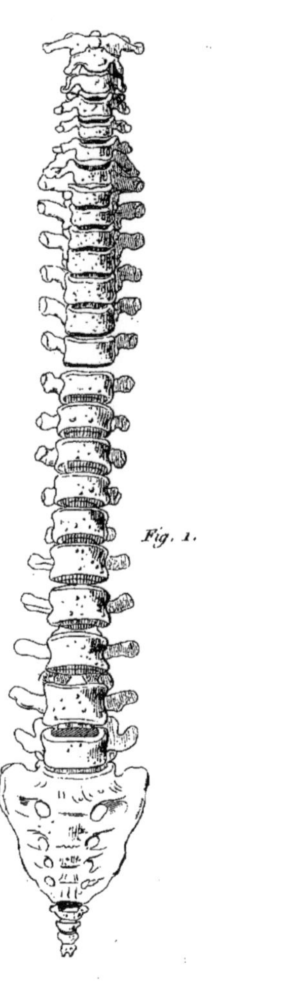

Fig. 1.

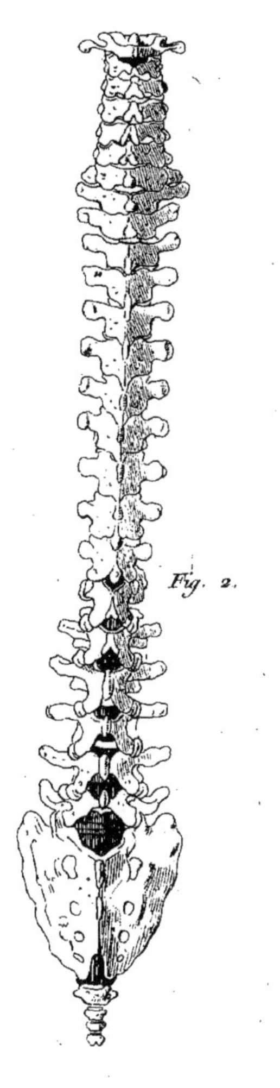

Fig. 2.

SYSTÈME ANATOMIQUE.
Homme. *Colonne Vertébrale.*

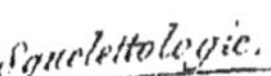

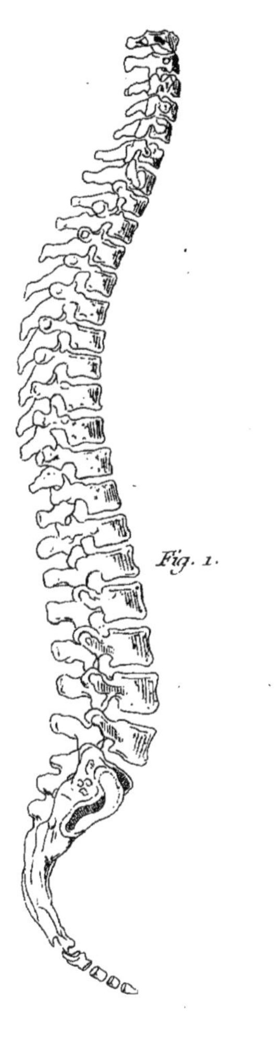

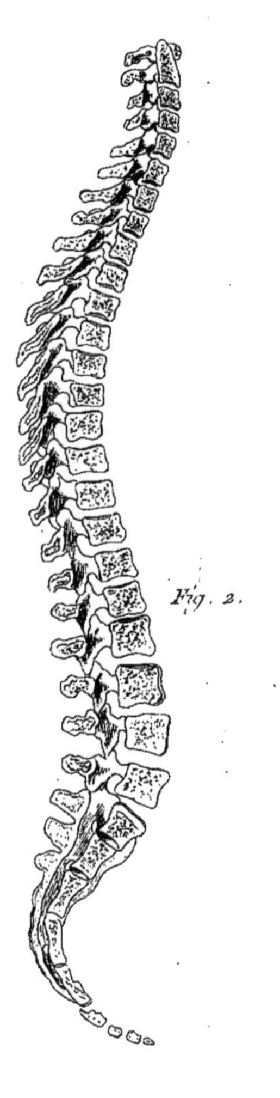

SYSTÉME ANATOMIQUE.
Homme. *Colonne Vertébrale.*

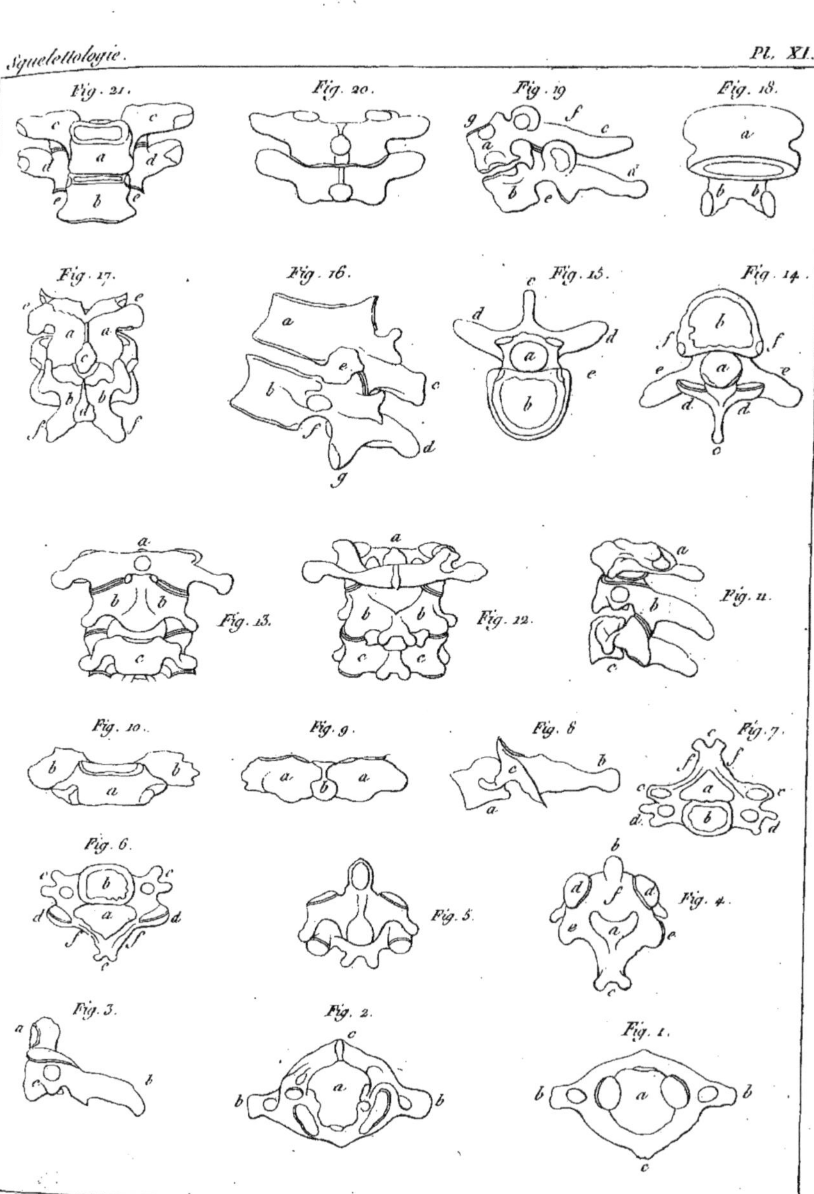

SYSTÈME ANATOMIQUE
Homme, *Vertèbres.*

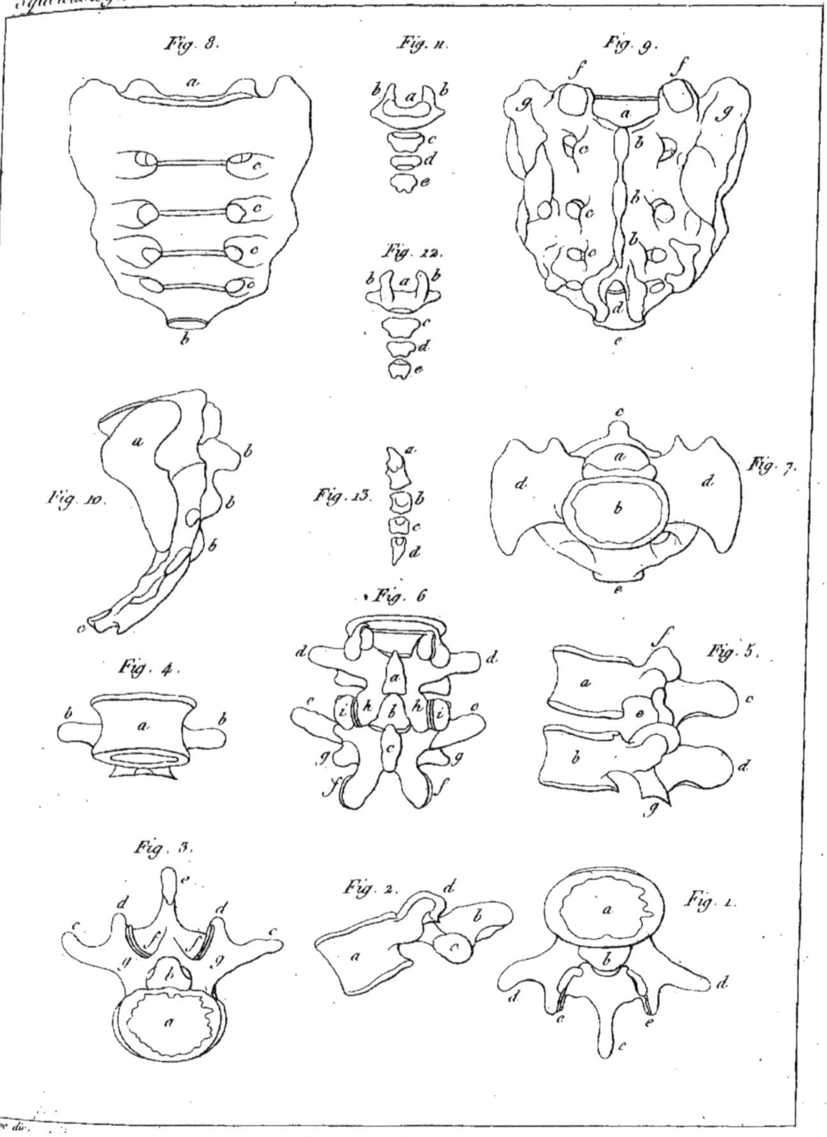

SYSTÊME ANATOMIQUE
Homme, Sacrum, Coccyx et Vertèbres.

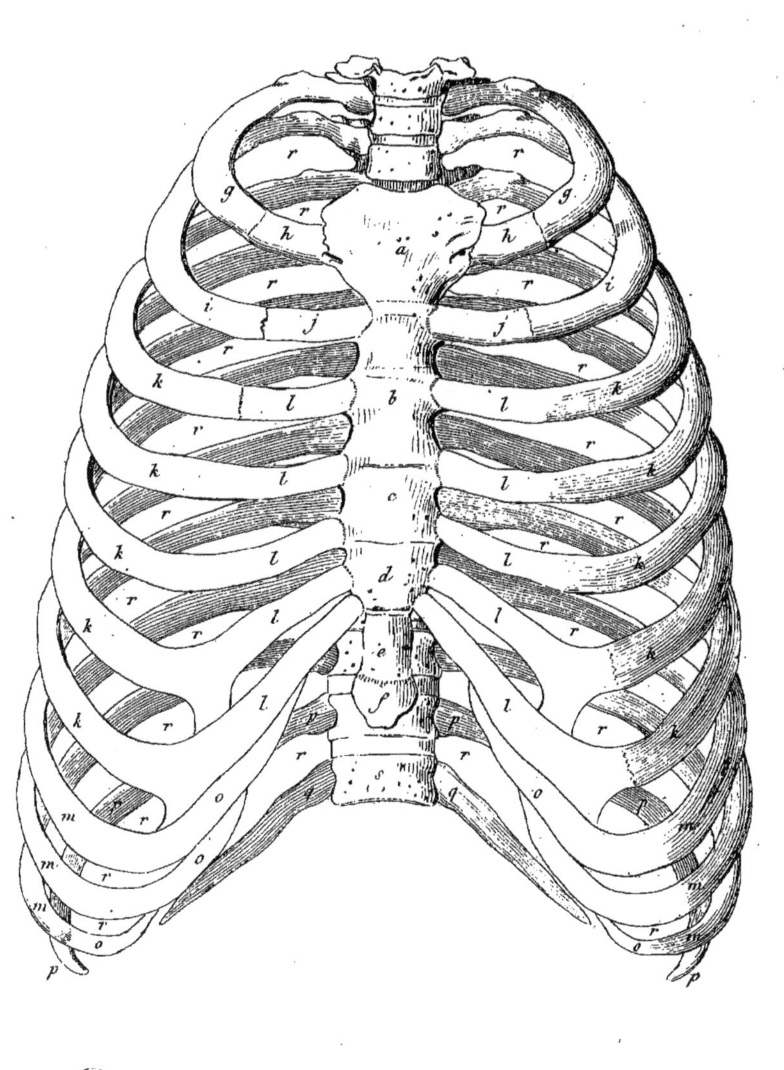

SYSTÈME ANATOMIQUE.
Homme. *Thorax.*

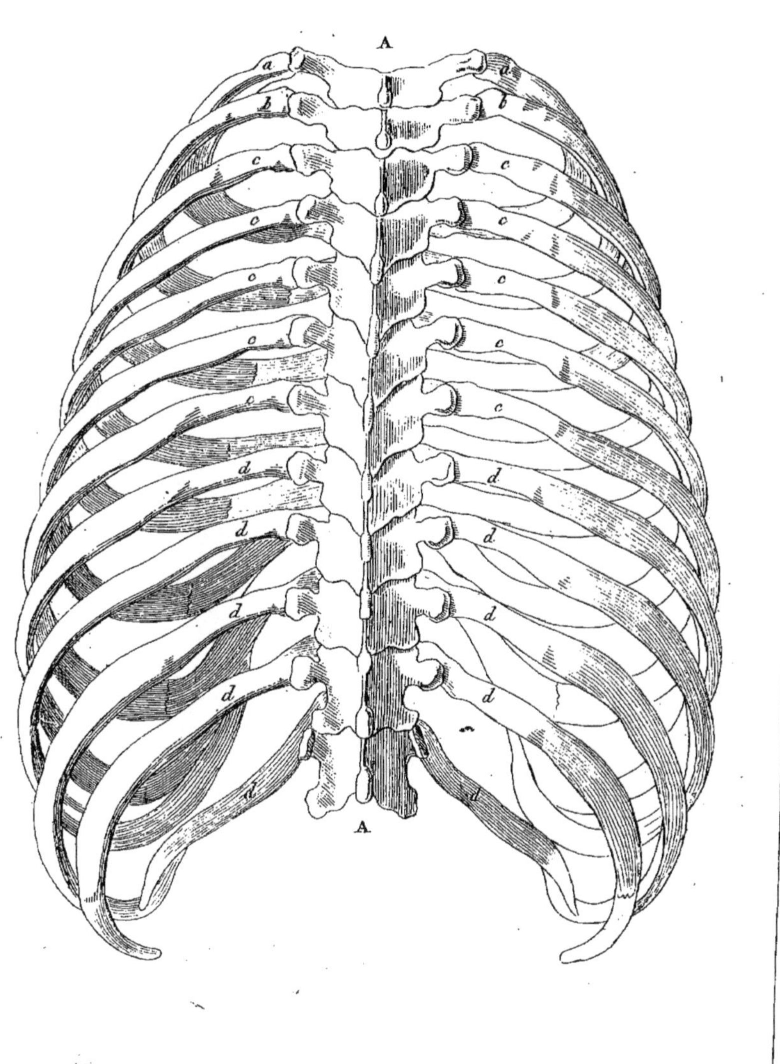

SYSTÈME ANATOMIQUE.

Homme . *Face postérieure du Thorax.*

14

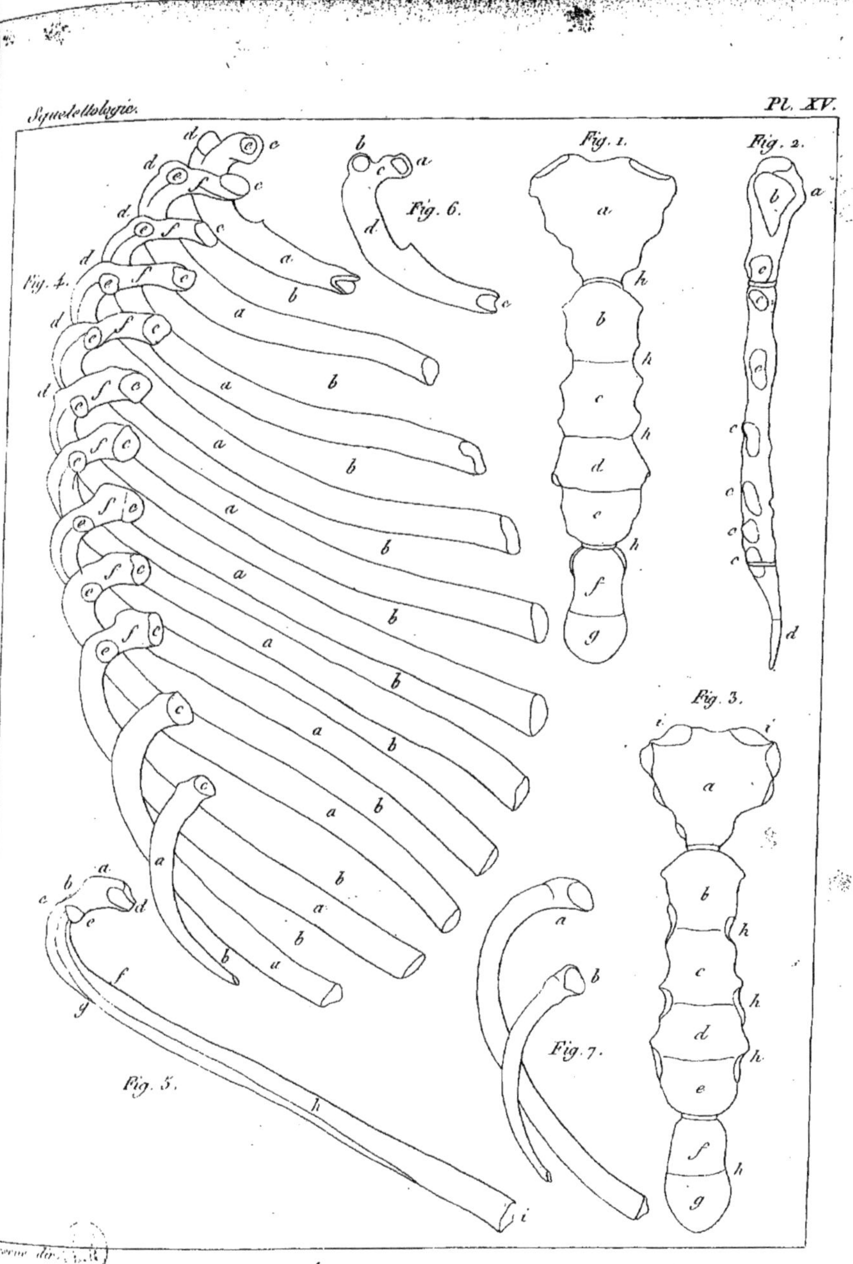

SYSTÈME ANATOMIQUE.
Homme, Sternum et Côtes.

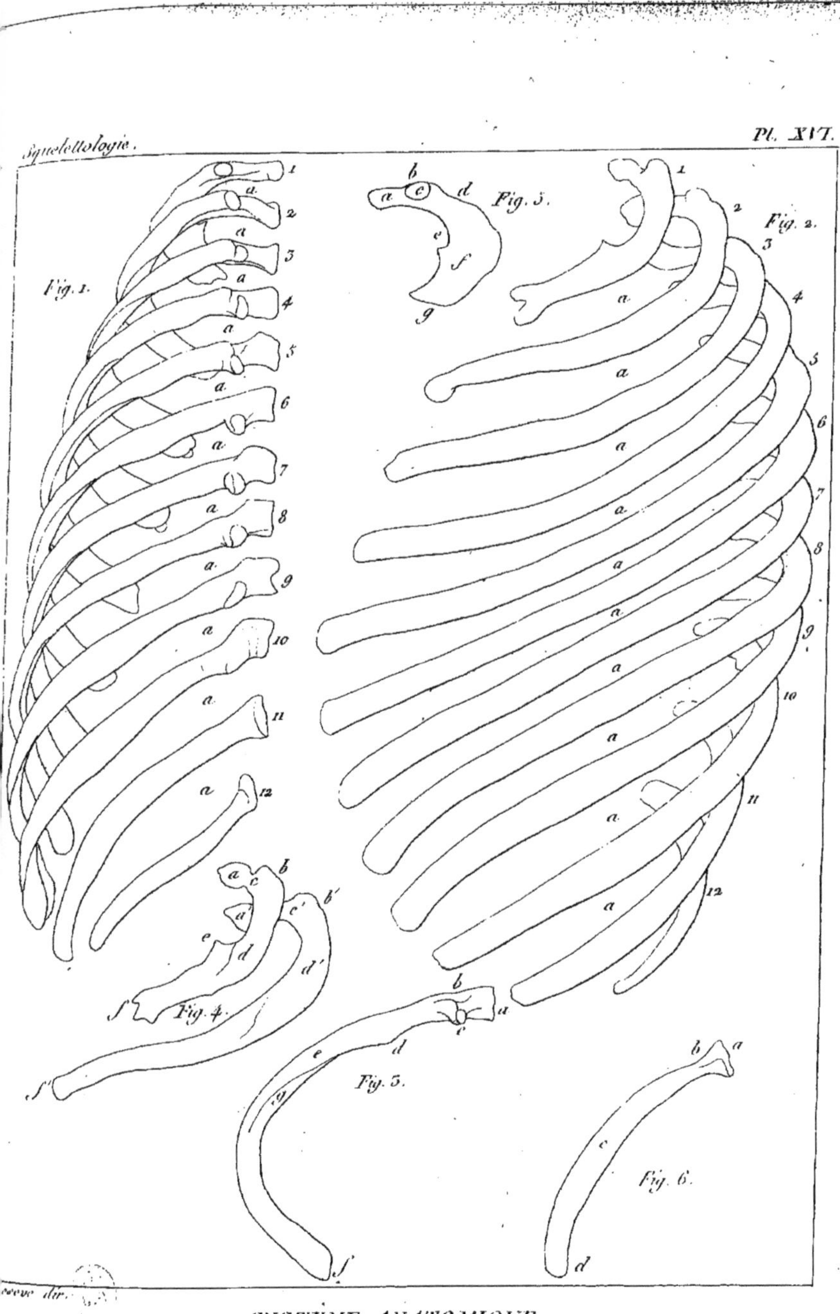

SYSTÈME ANATOMIQUE.
Homme, Côtes.

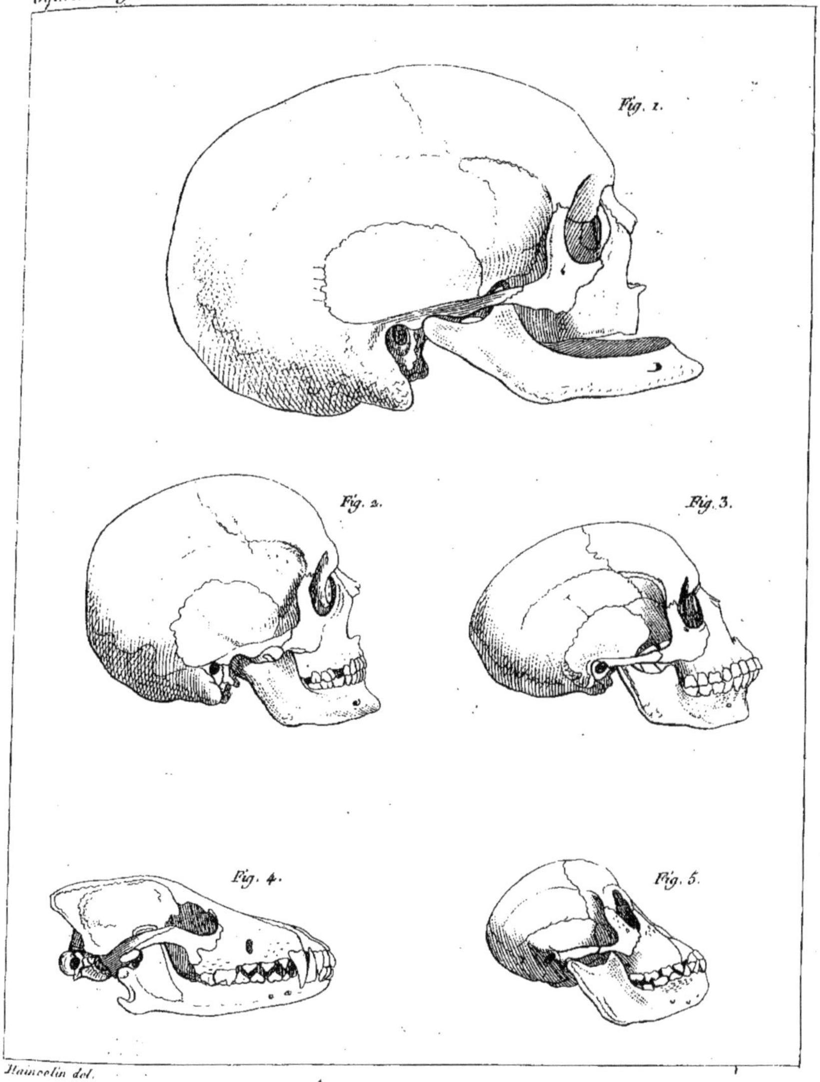

Fig. 1.

Fig. 2.

Fig. 3.

Fig. 4.

Fig. 5.

Haincelin del.

SYSTÊME ANATOMIQUE.
Mammifères. *Variétés des têtes.*

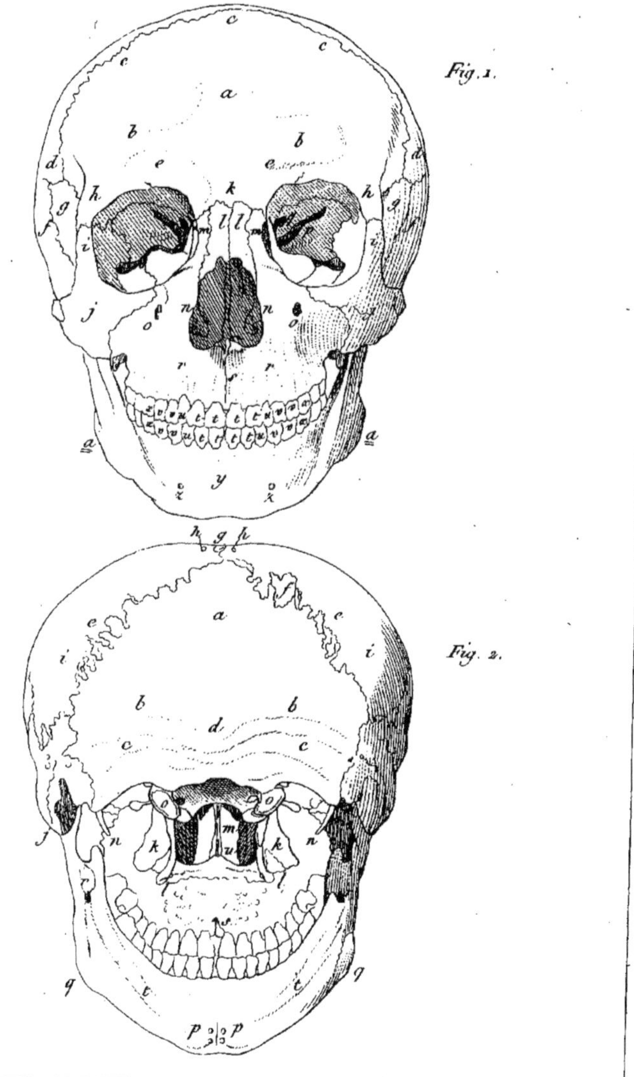

SYSTÈME ANATOMIQUE.
Homme, *Tête osseuse.*

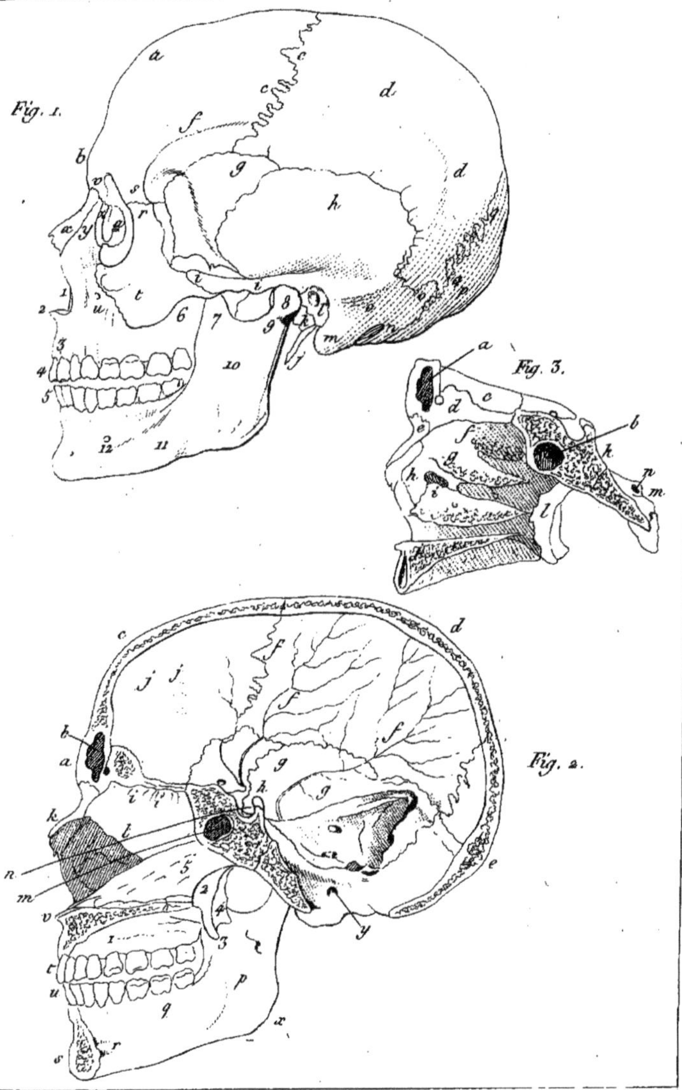

SYSTÈME ANATOMIQUE.

Homme, *Tête osseuse.*

Haincelin del.

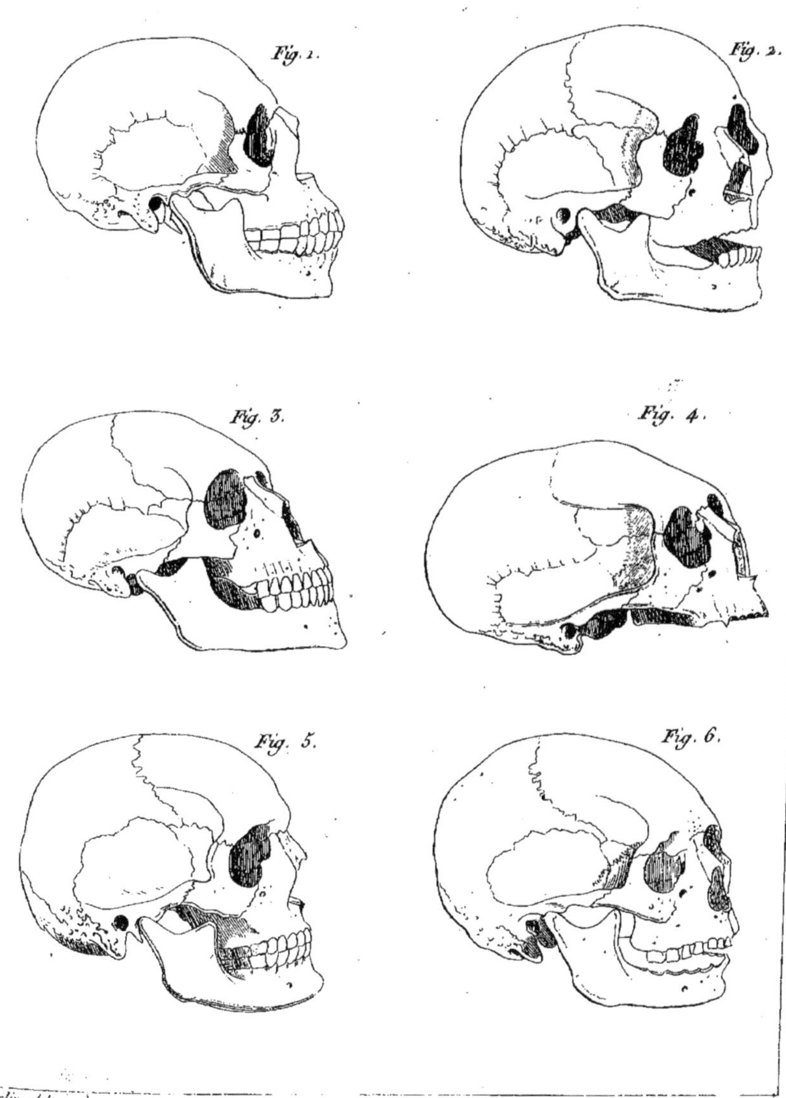

SYSTÈME ANATOMIQUE.

Homme. *Variétés de la Tête osseuse.*

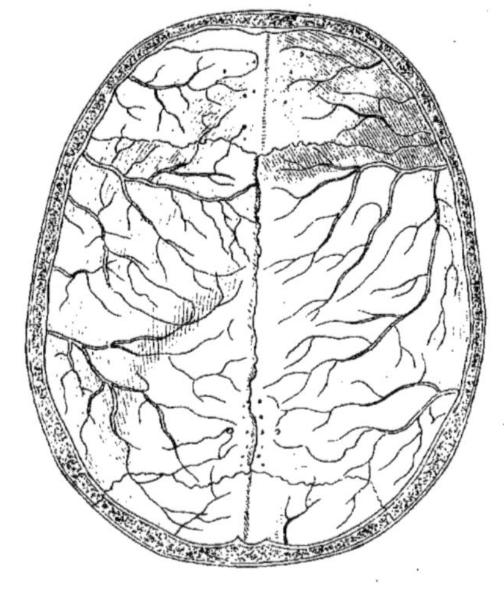

Fig. 1.

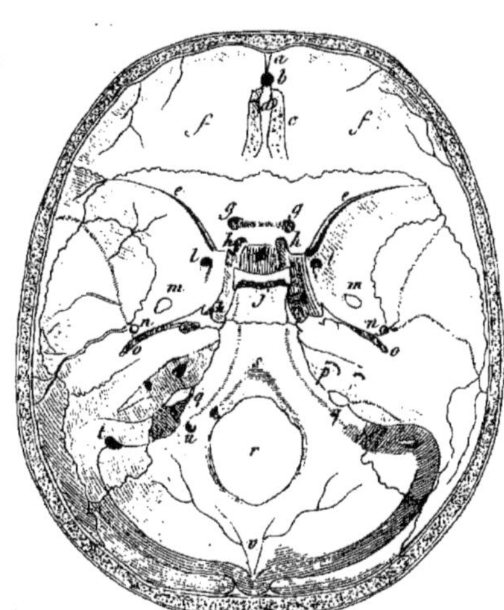

Fig. 2.

SYSTÈME ANATOMIQUE.
Homme. *Intérieur du crâne.*

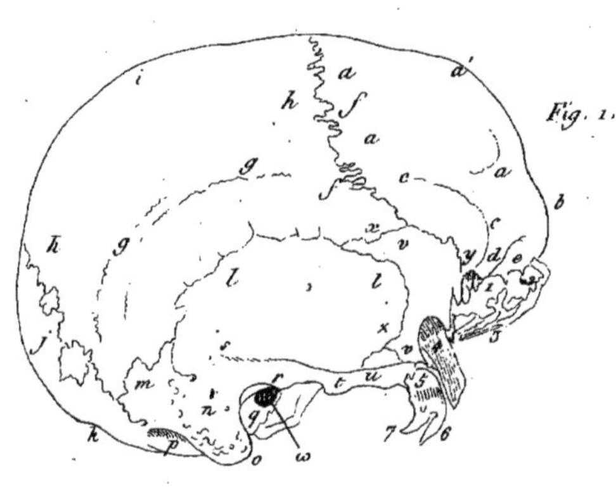

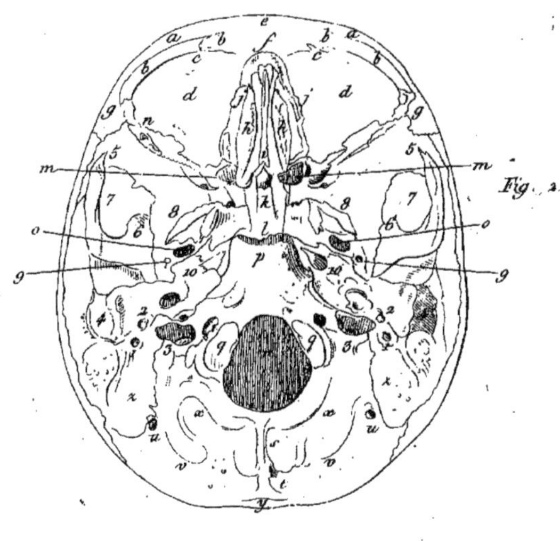

SYSTÊME ANATOMIQUE.
Homme. *Extérieur du crâne.*

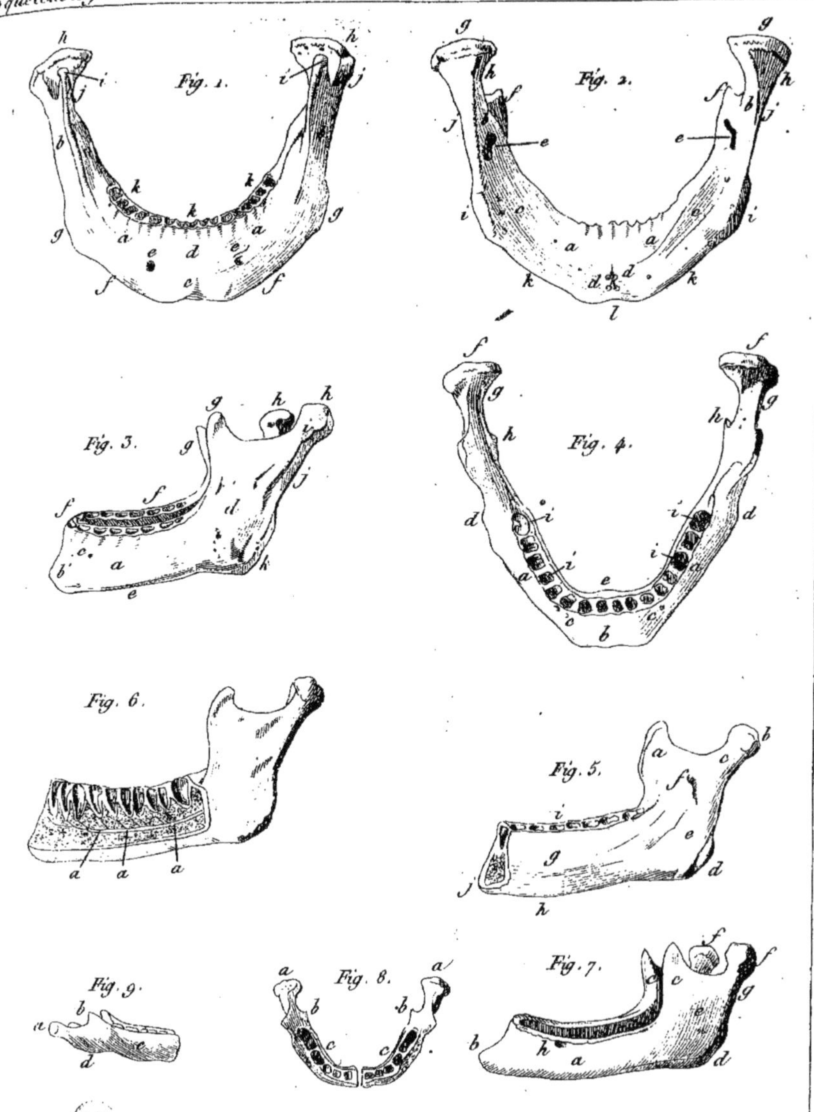

Tarnedin del.

SYSTÉME ANATOMIQUE.

Homme. Machoire inférieure. Développement des alvéoles.

Haincelin del.

SYSTÈME ANATOMIQUE.
Homme. *Os du Crâne.*

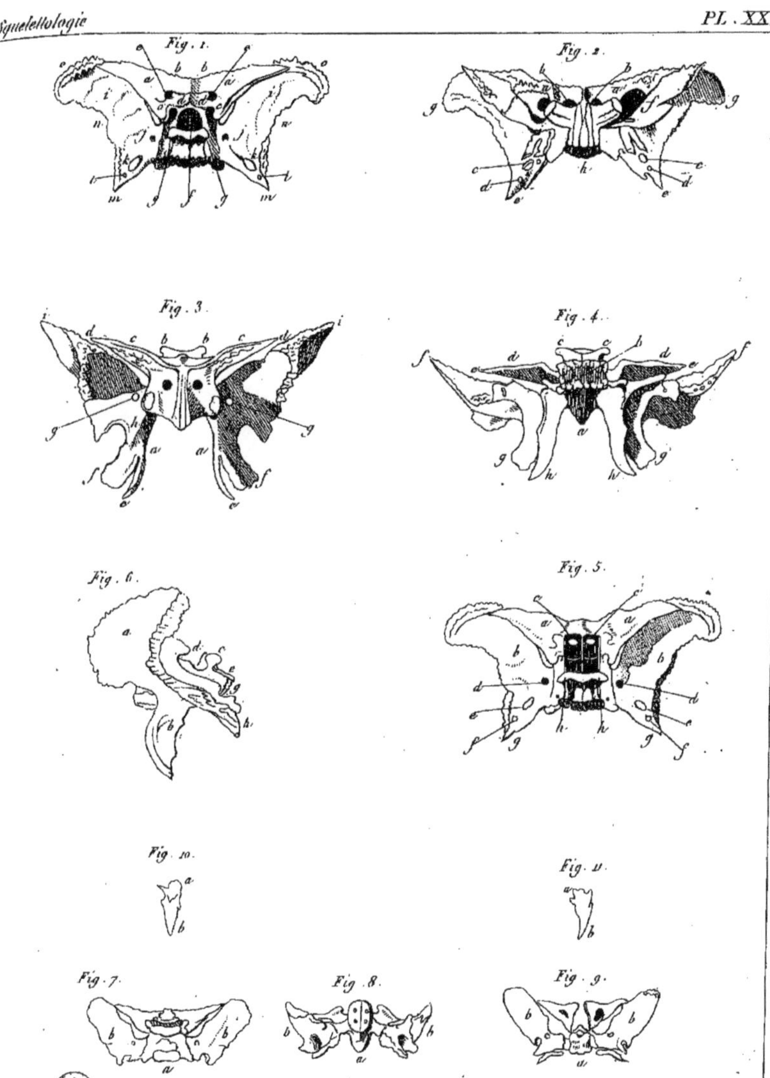

SYSTEME ANATOMIQUE.
Homme. *Os du Crane.*

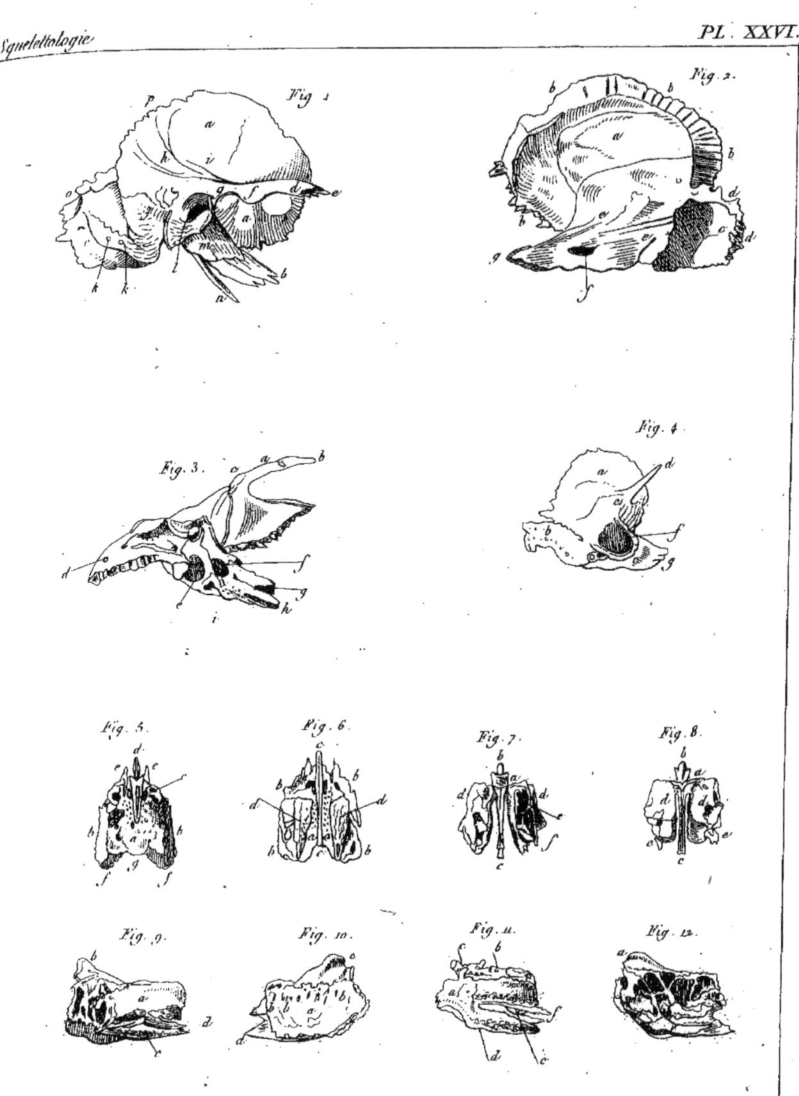

SYSTEME ANATOMIQUE.
Homme. Os du Crane.

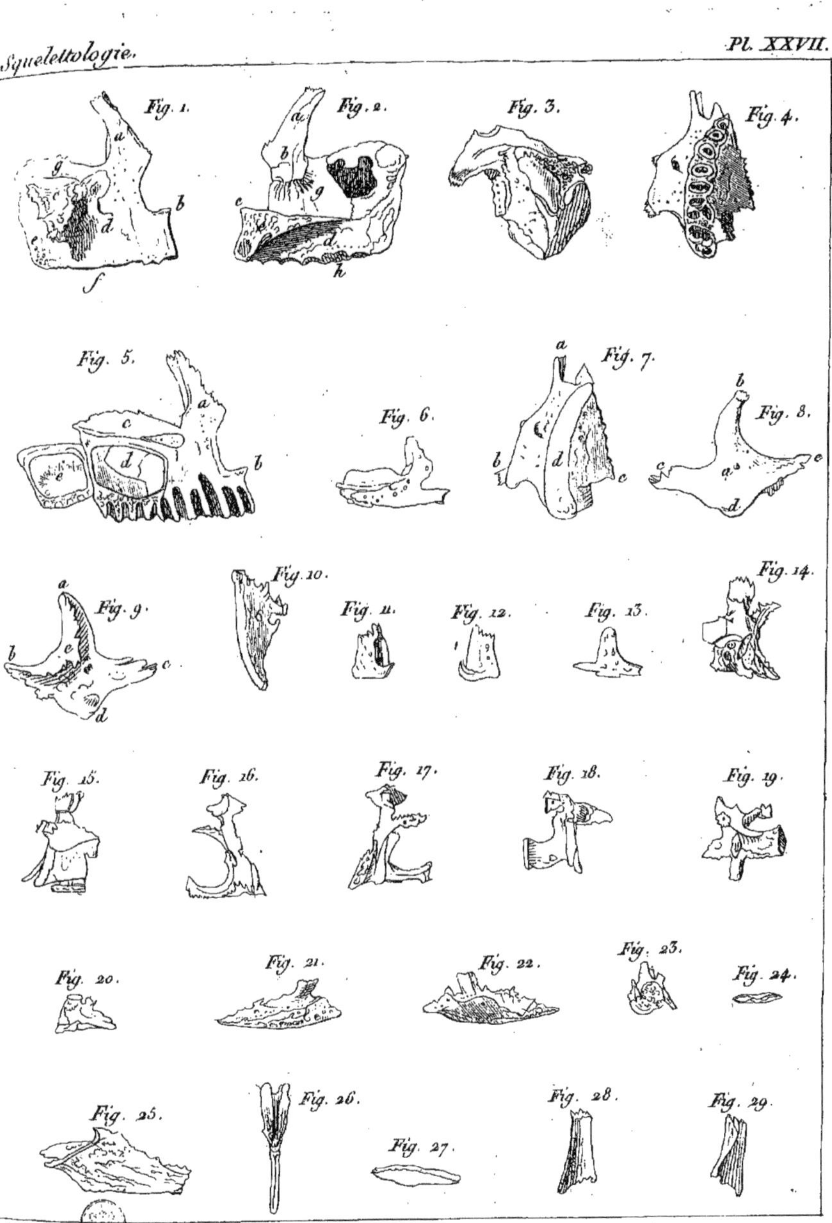

Fig. 1. Fig. 2. Fig. 3. Fig. 4. Fig. 5. Fig. 6. Fig. 7. Fig. 8. Fig. 9. Fig. 10. Fig. 11. Fig. 12. Fig. 13. Fig. 14. Fig. 15. Fig. 16. Fig. 17. Fig. 18. Fig. 19. Fig. 20. Fig. 21. Fig. 22. Fig. 23. Fig. 24. Fig. 25. Fig. 26. Fig. 27. Fig. 28. Fig. 29.

Vauquelin del.

SYSTÉME ANATOMIQUE.
Homme. *Os de la Face.*

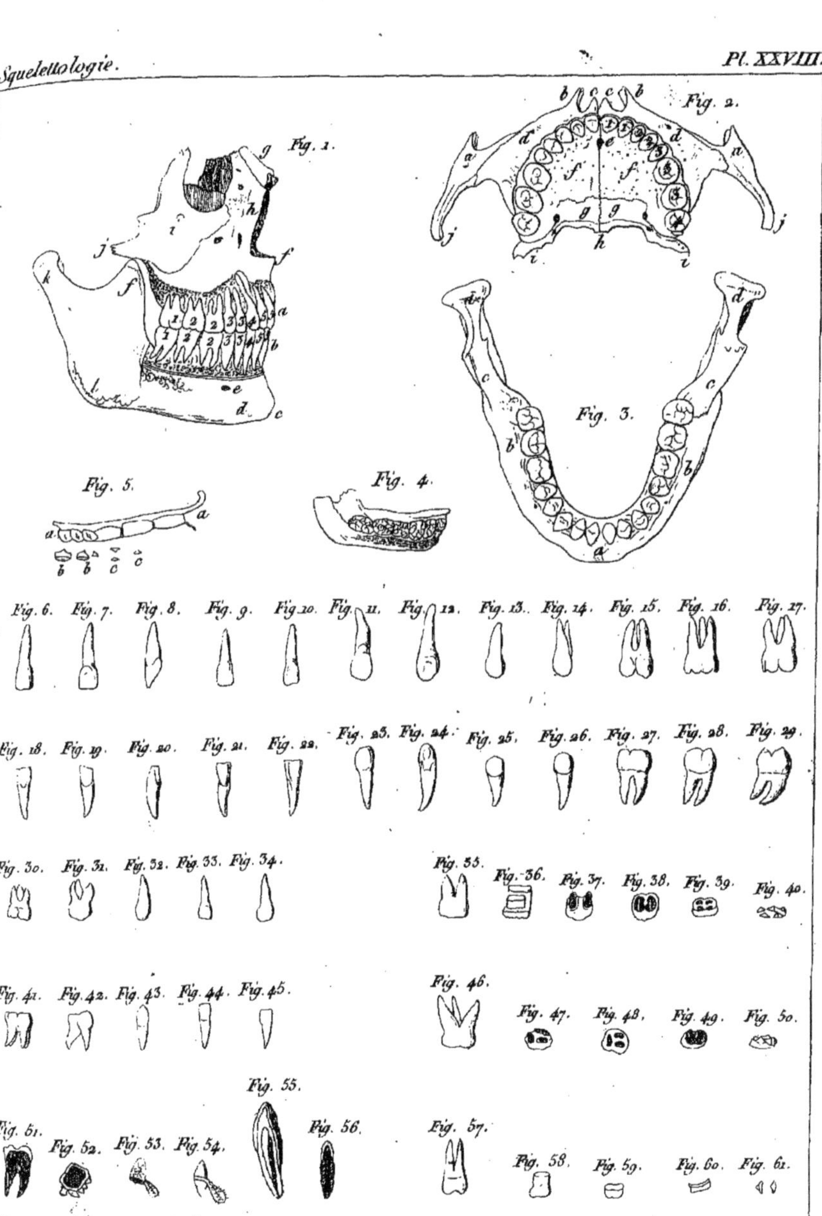

Huincelin del.

SYSTÉME ANATOMIQUE.

Homme. Machoires et Dents.

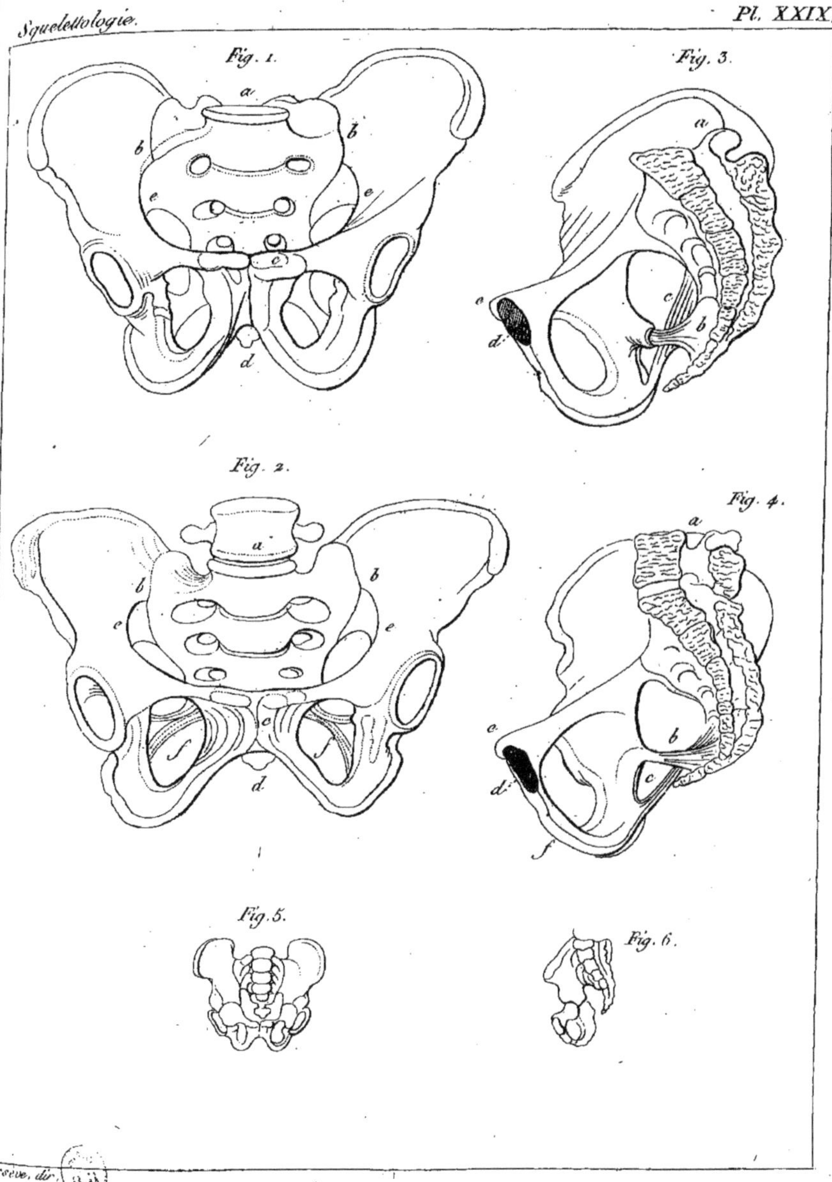

SYSTÈME ANATOMIQUE.

Homme, Bassin.

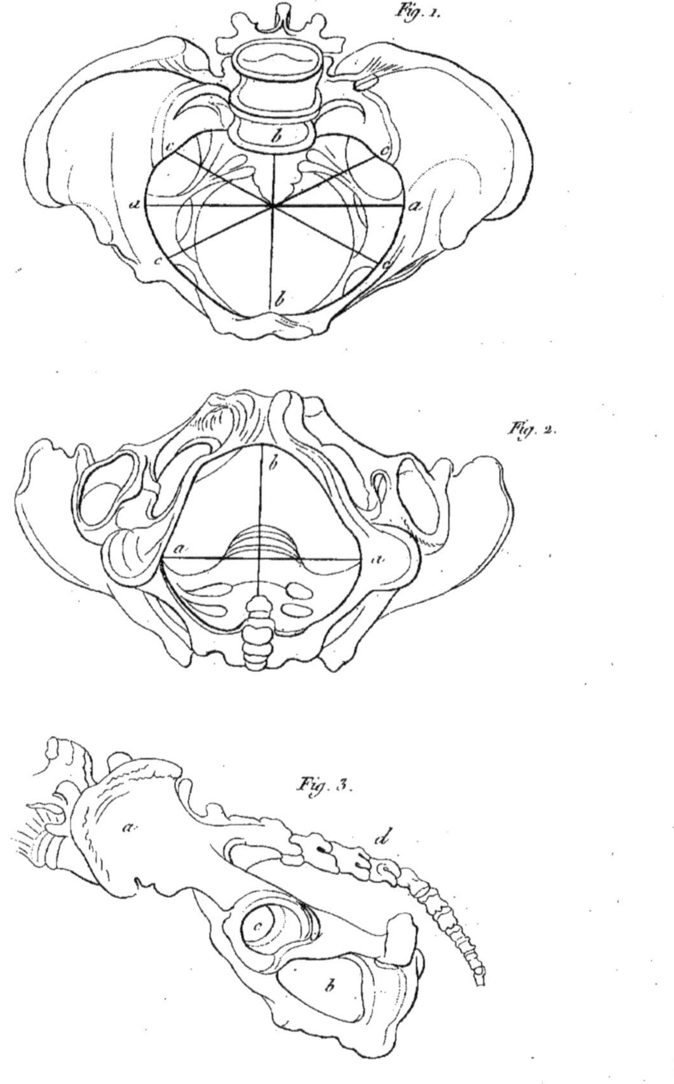

SYSTÈME ANATOMIQUE.

Homme, *Dimensions du Bassin.*
(Mammifères, *Bassin.*)

15

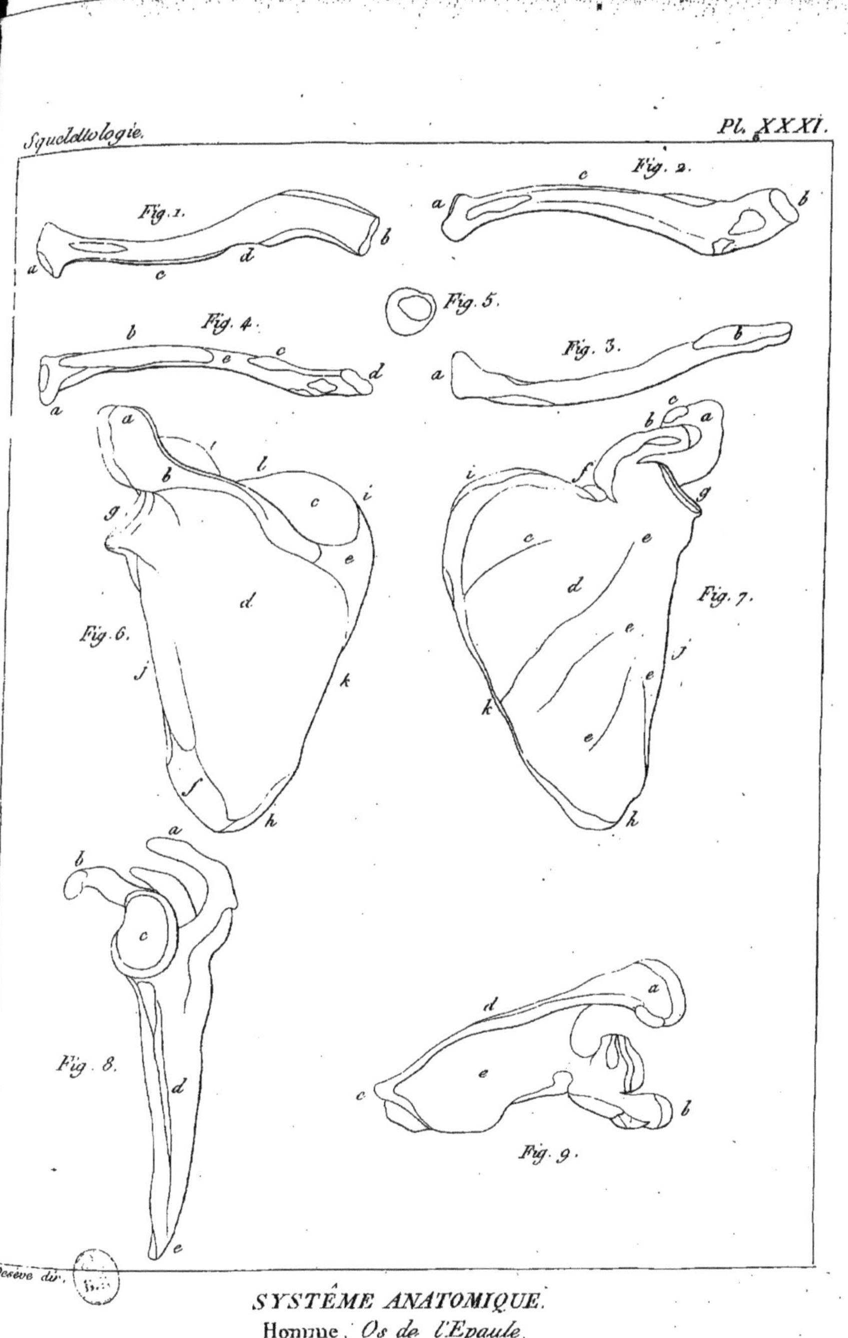

SYSTÉME ANATOMIQUE.
Homme. *Os de l'Epaule.*

Desève dir.

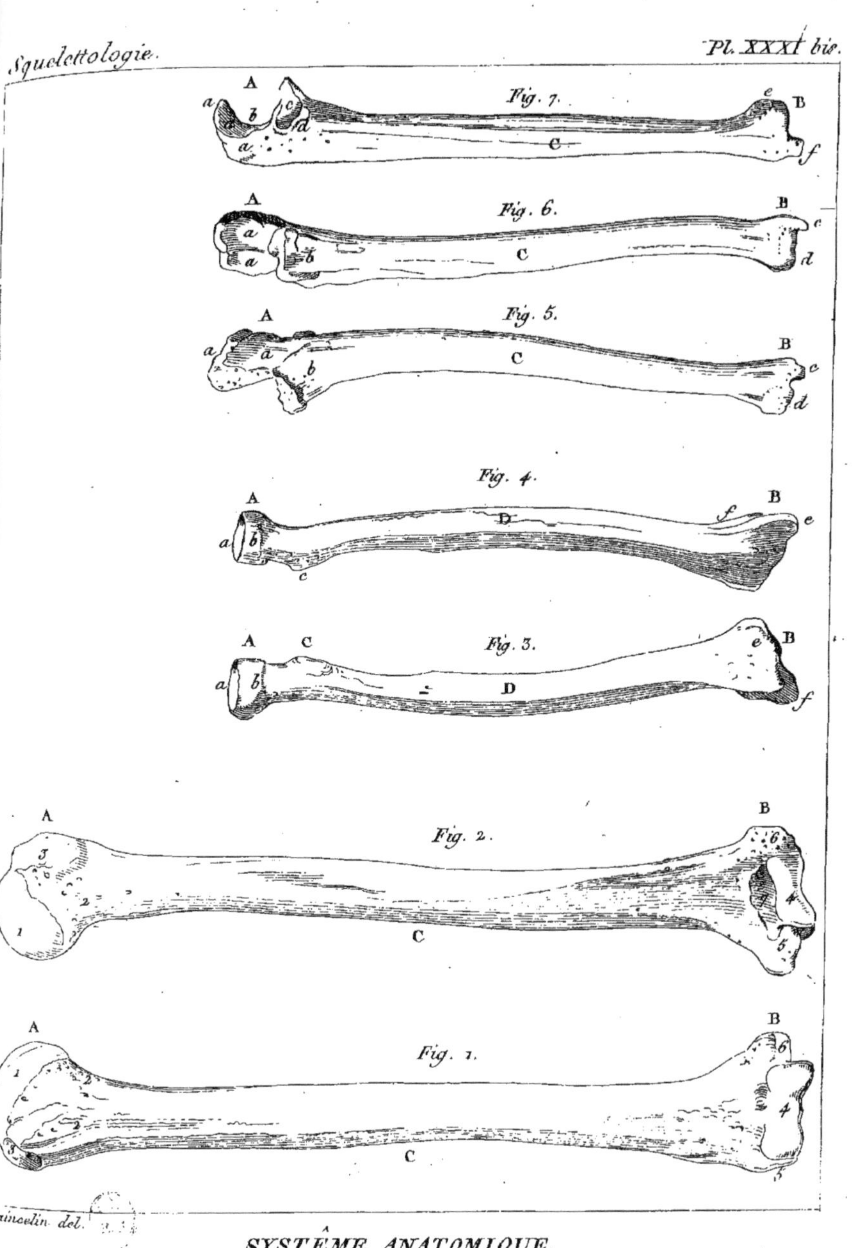

SYSTÊME ANATOMIQUE.

Homme. *Os du Bras et de l'Avant-Bras.*

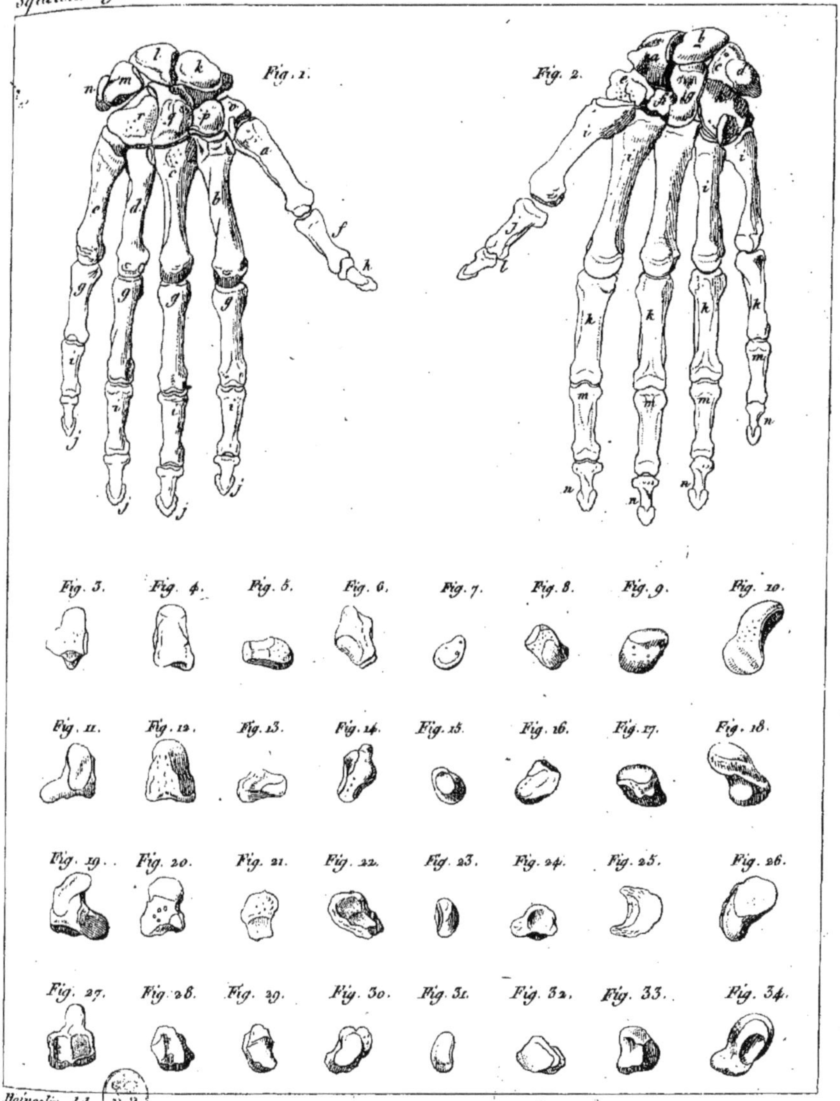

Fig. 1. Fig. 2.

Fig. 3. Fig. 4. Fig. 5. Fig. 6. Fig. 7. Fig. 8. Fig. 9. Fig. 10.

Fig. 11. Fig. 12. Fig. 13. Fig. 14. Fig. 15. Fig. 16. Fig. 17. Fig. 18.

Fig. 19. Fig. 20. Fig. 21. Fig. 22. Fig. 23. Fig. 24. Fig. 25. Fig. 26.

Fig. 27. Fig. 28. Fig. 29. Fig. 30. Fig. 31. Fig. 32. Fig. 33. Fig. 34.

Haincelin del.

SYSTÊME ANATOMIQUE.
Homme. *Os de la main.*

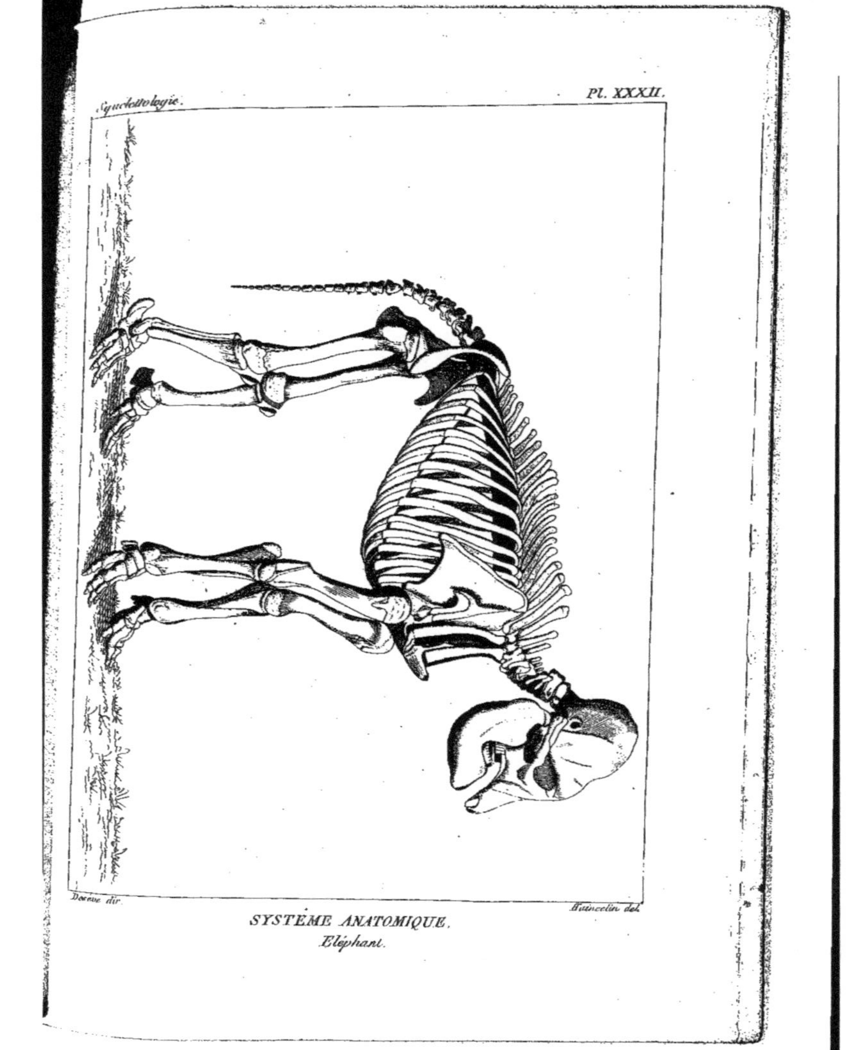

SYSTÈME ANATOMIQUE.
Eléphant.

SYSTÈME ANATOMIQUE.
Rhinoceros unicornis.

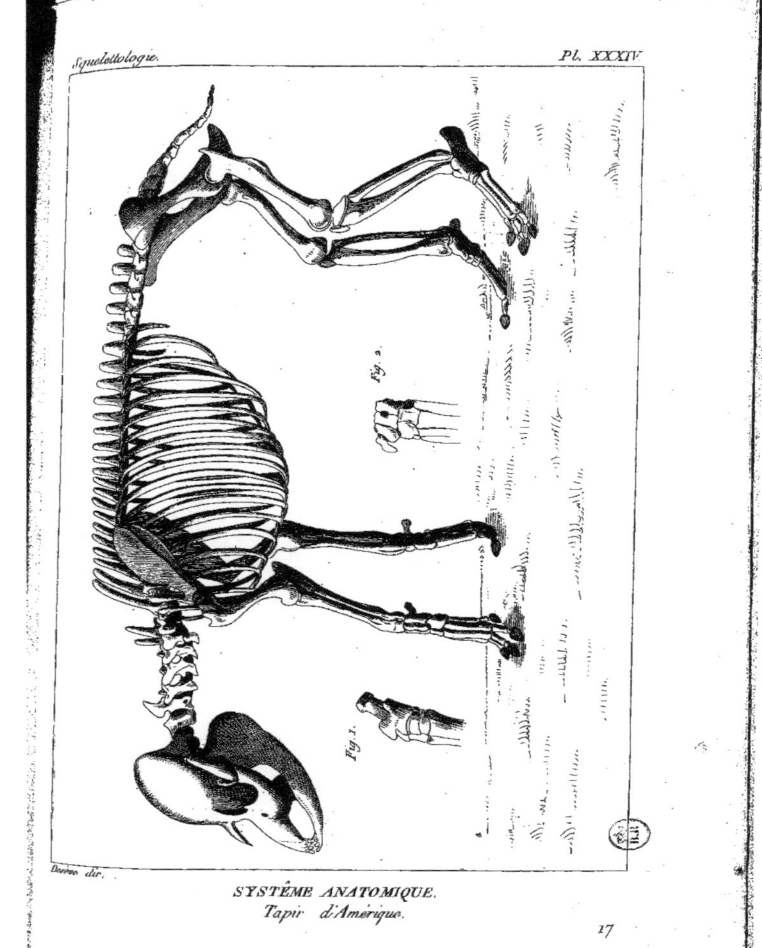

SYSTÈME ANATOMIQUE.
Tapir d'Amérique.

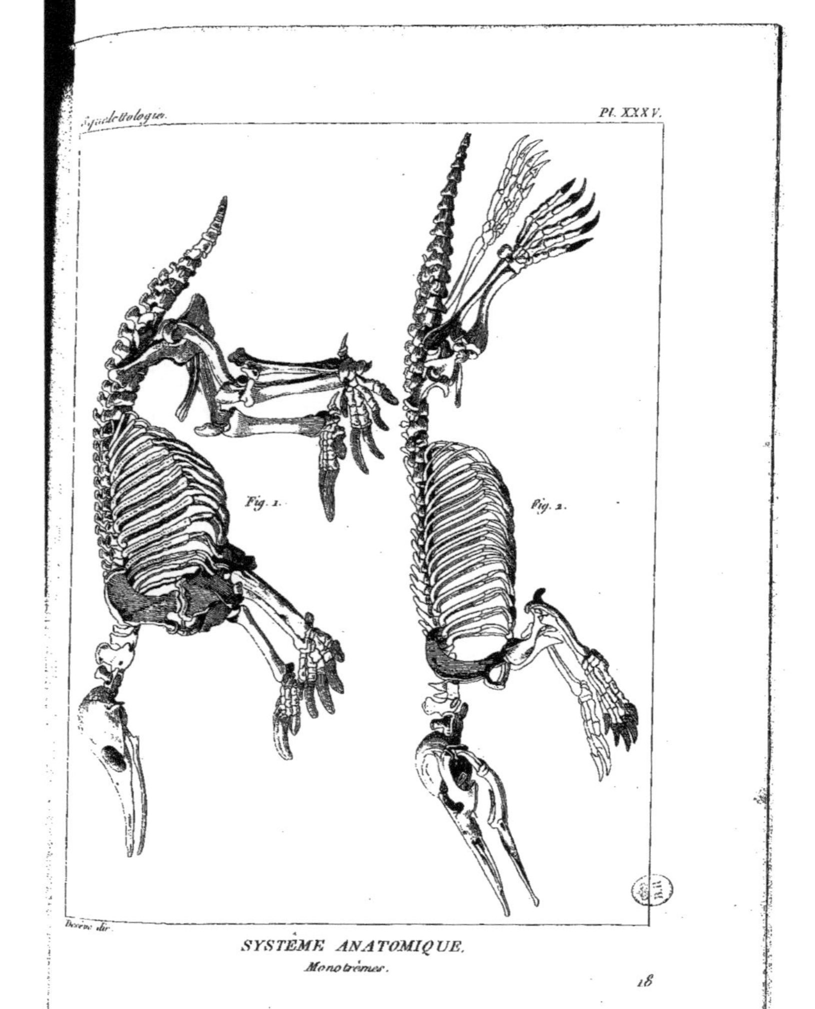

Devéria dir.

SYSTÈME ANATOMIQUE.
Monotrèmes.

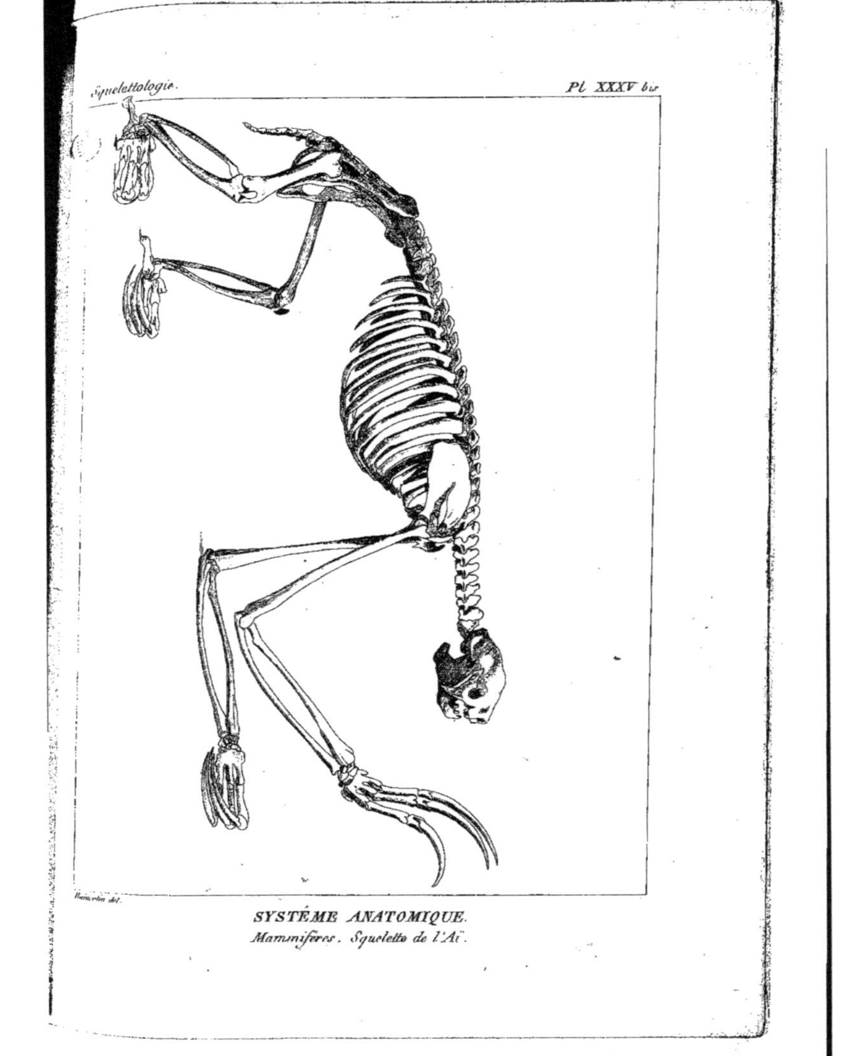

Beauvais del.

SYSTÉME ANATOMIQUE.

Mammifères. Squelette de l'Aï.

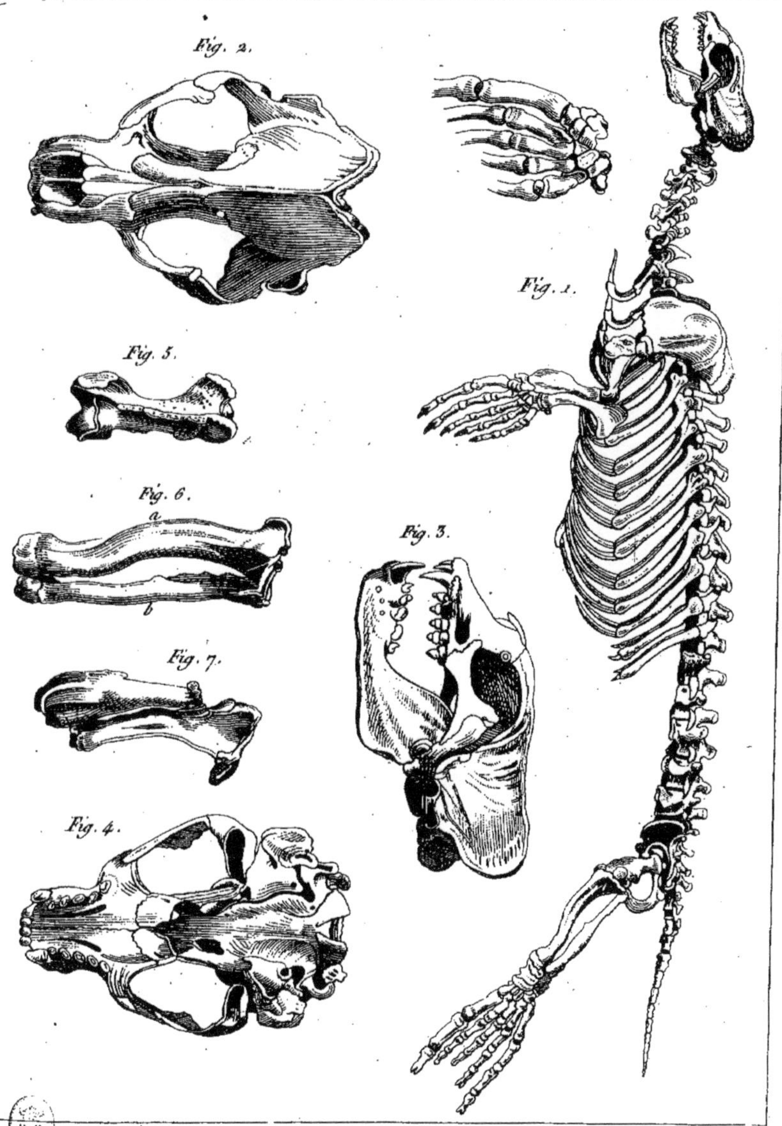

SYSTÈME ANATOMIQUE,
Phoque à ventre blanc.

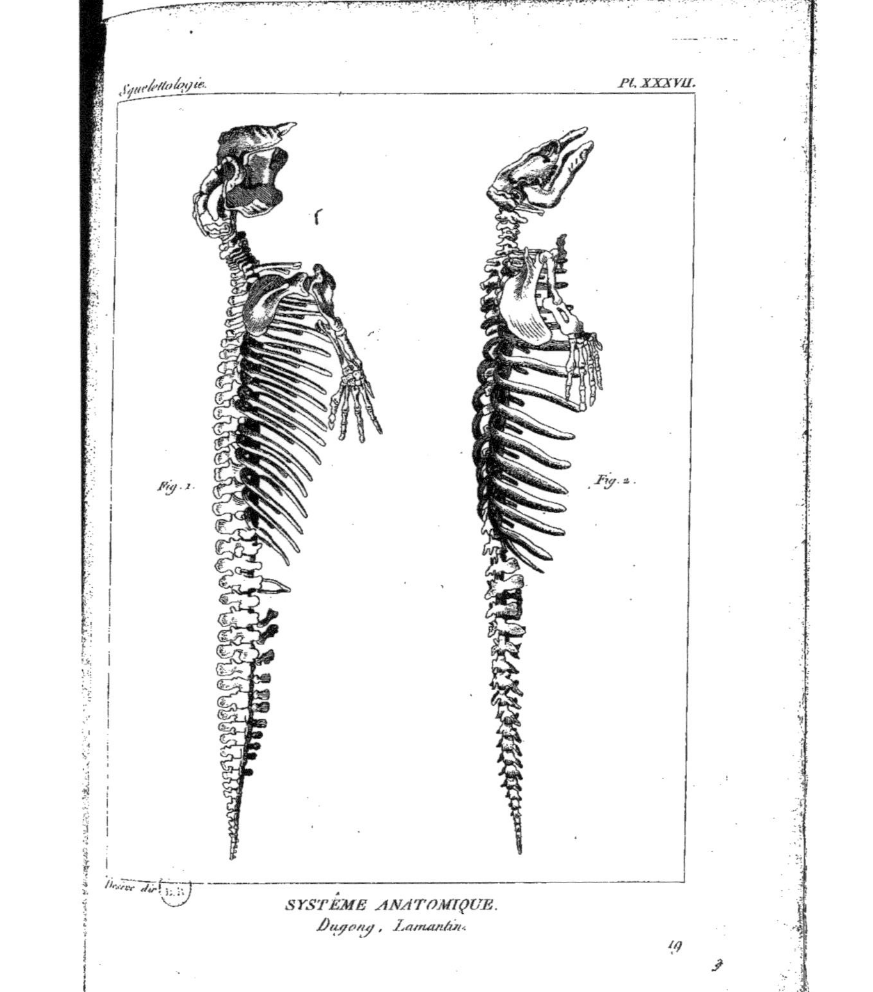

SYSTÉME ANATOMIQUE.
Dugong, Lamantin.

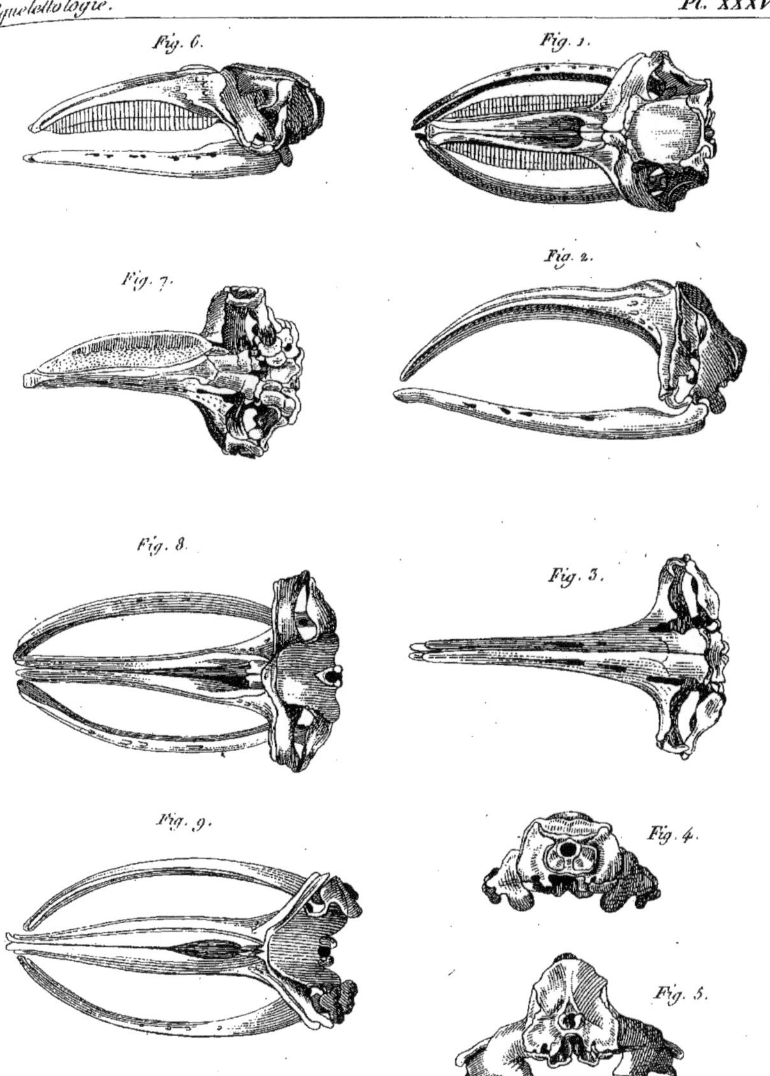

Desève del. B.H

SYSTÈME ANATOMIQUE.
Cétacés.

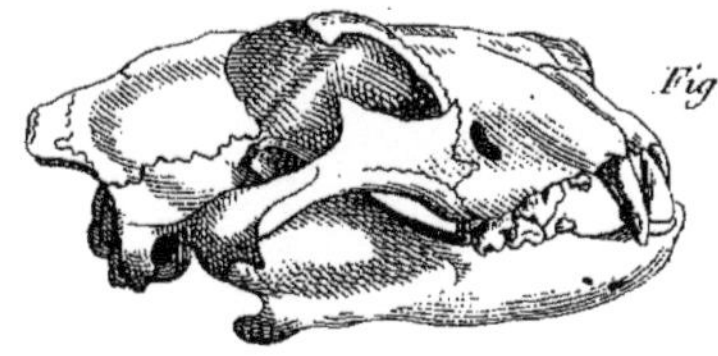

Fig. 1.

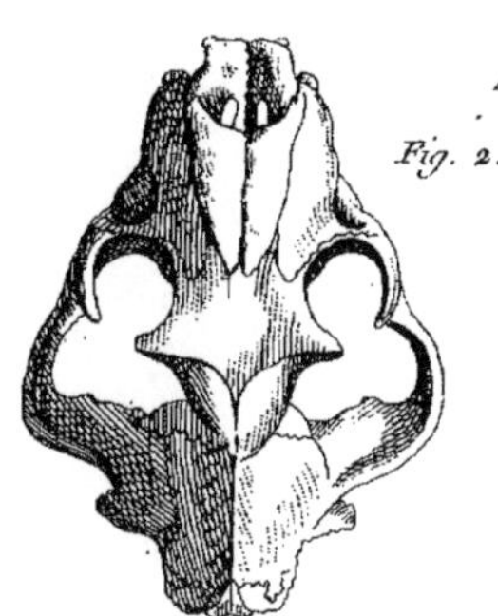

Fig. 2.

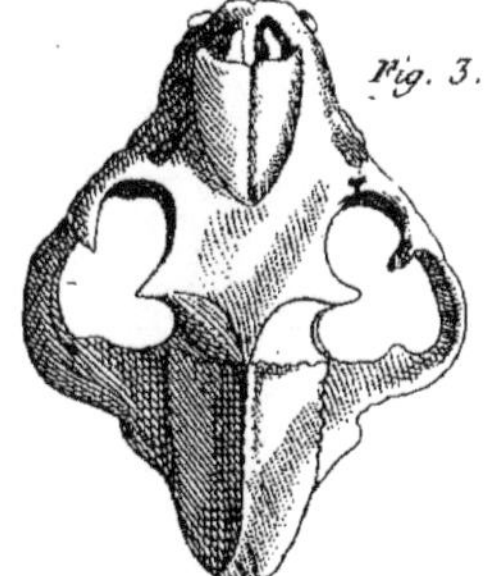

Fig. 3.

Fig. 4.

Fig. 5.

Fig. 6.

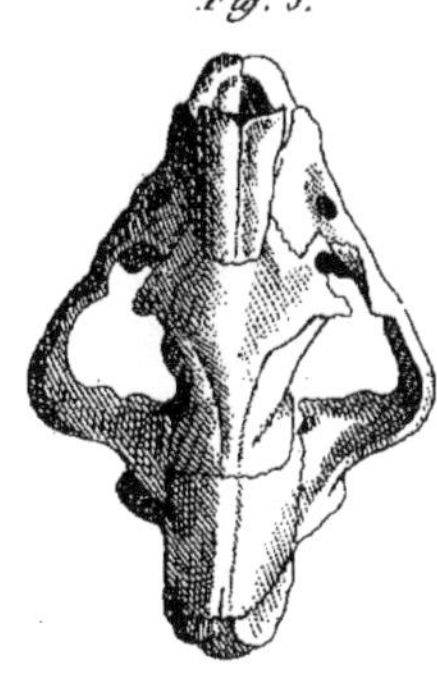

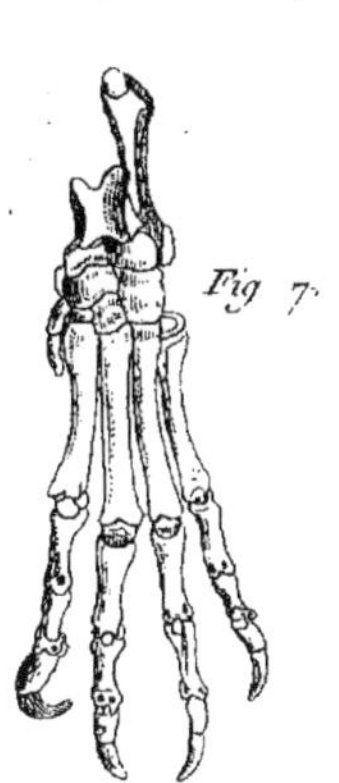

Fig. 7.

SYSTÈME ANATOMIQUE.
Carnassiers.

20

Fig. 1.

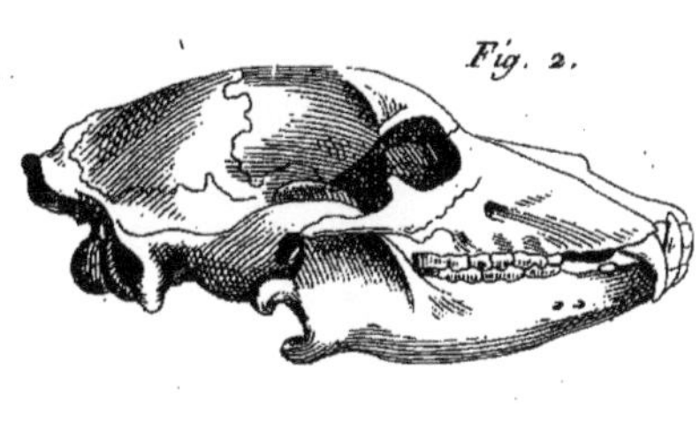

Fig. 2.

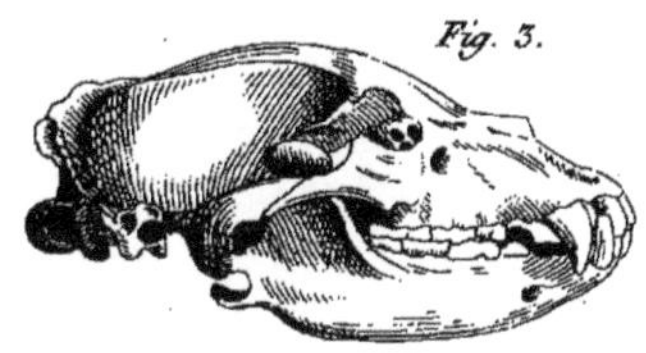

Fig. 3.

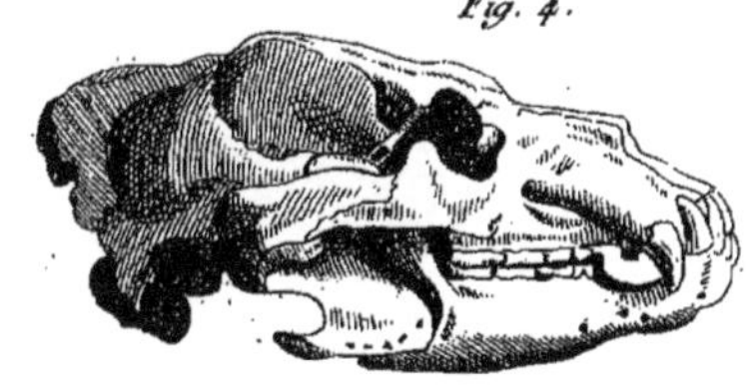

Fig. 4.

Fig. 5.

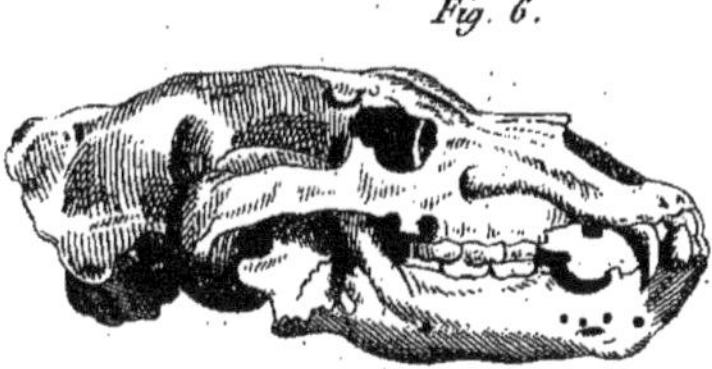

Fig. 6.

Fig. 7.

SYSTÈME ANATOMIQUE.
Carnassiers.

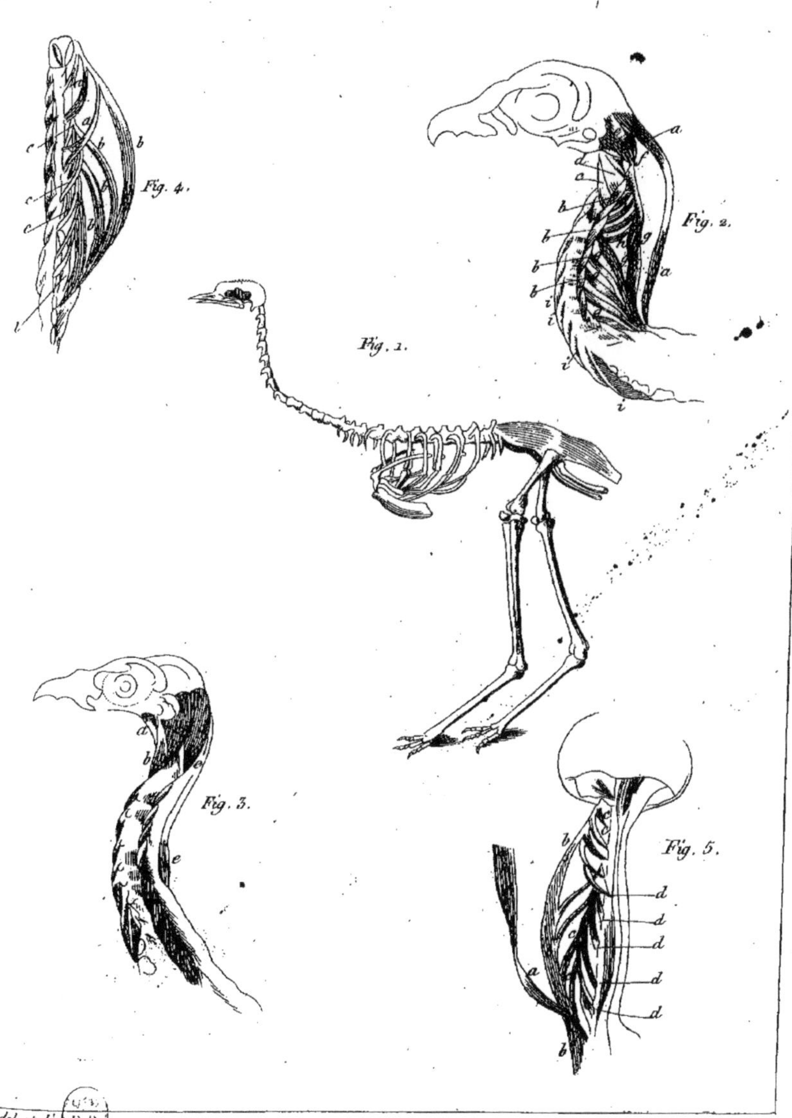

SYSTÊME ANATOMIQUE.
Oiseaux. *Squelette, Muscles du cou.*

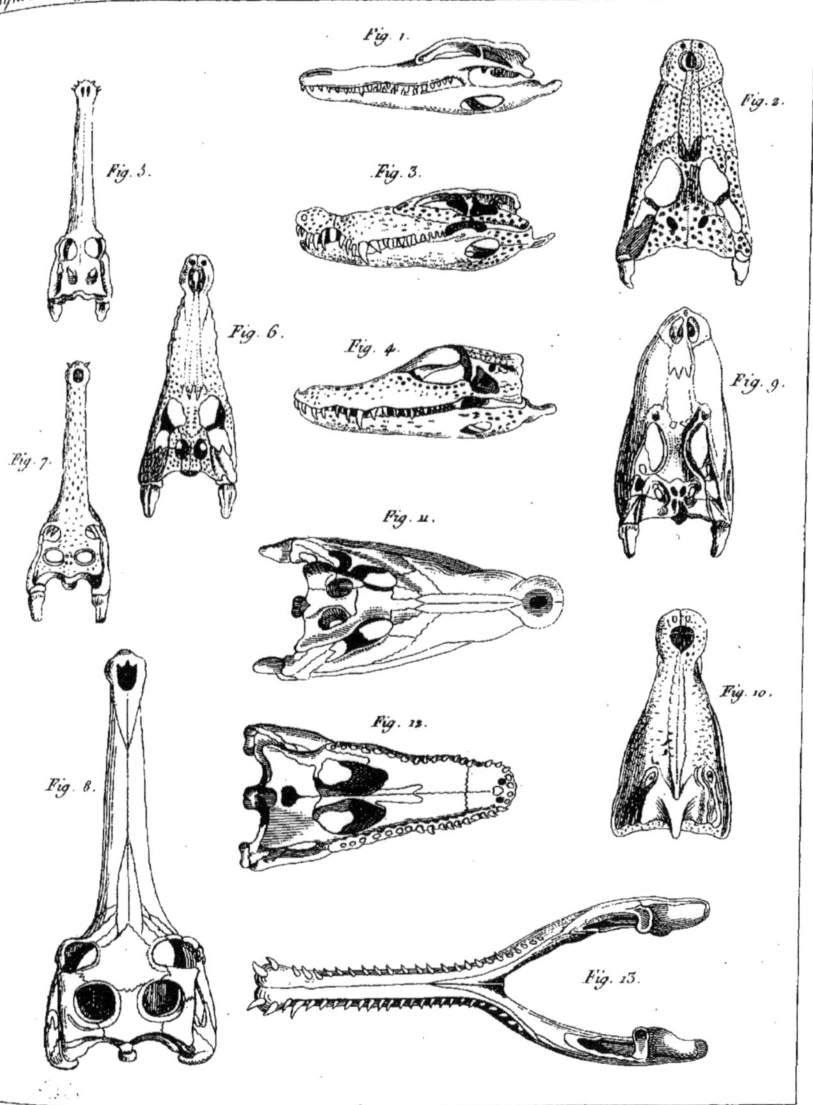

SYSTÈME ANATOMIQUE.
Sauriens.

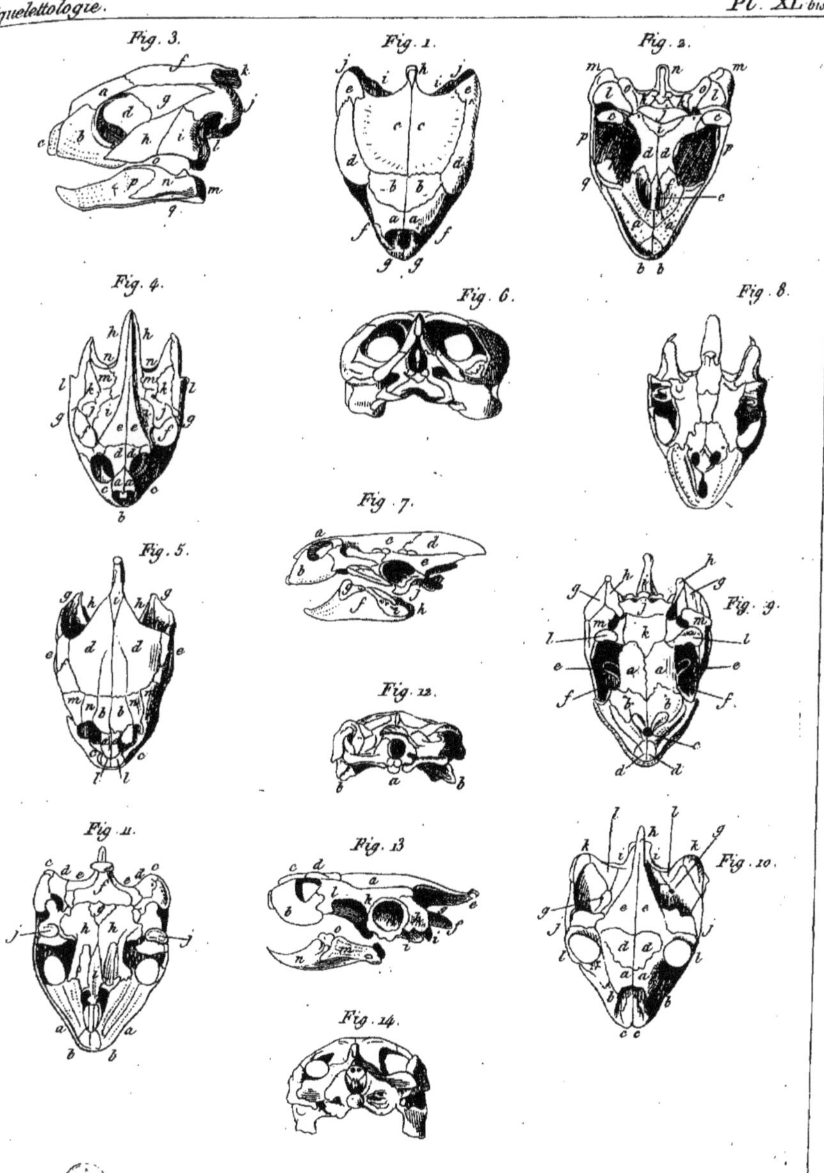

SYSTÊME ANATOMIQUE.
Chéloniens. *Ostéologie de la tête des Tortues.*

20 bis

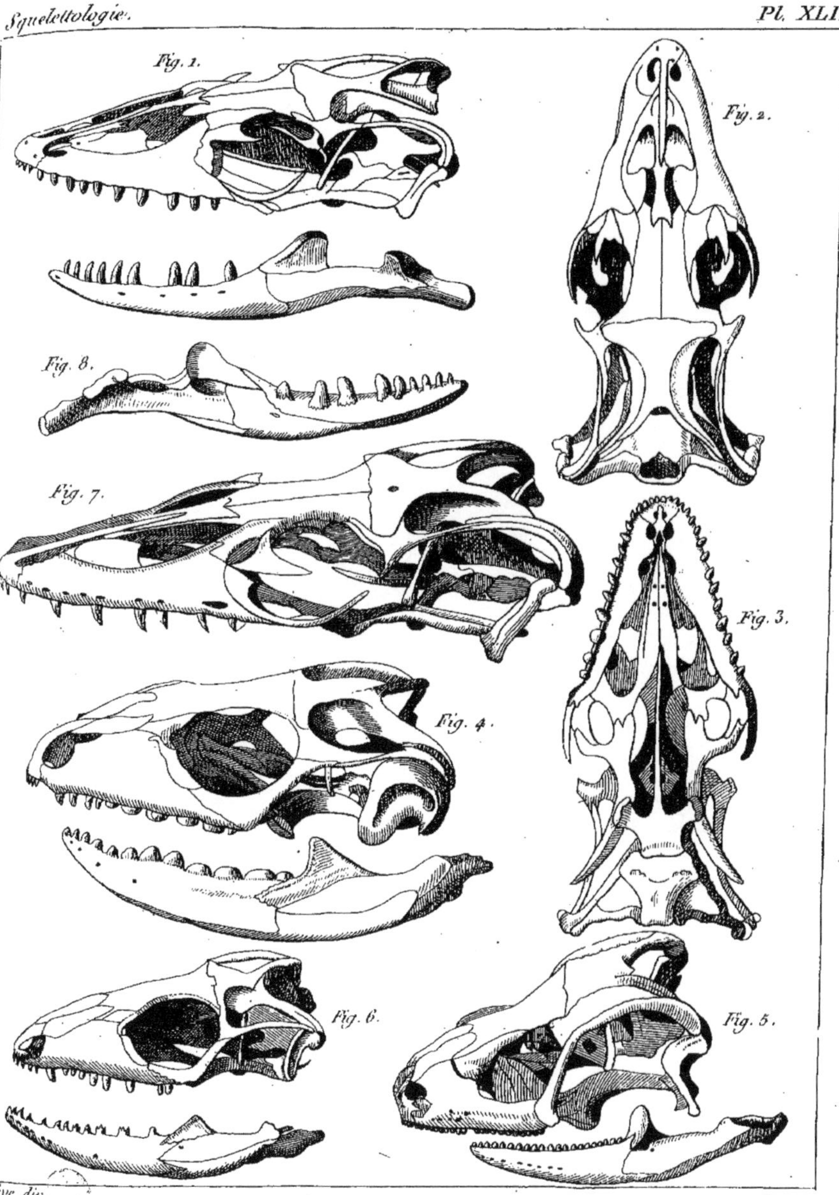

Fig. 1.

Fig. 8.

Fig. 7.

Fig. 4.

Fig. 2.

Fig. 3.

Fig. 6.

Fig. 5.

SYSTEME ANATOMIQUE.
Sauriens.

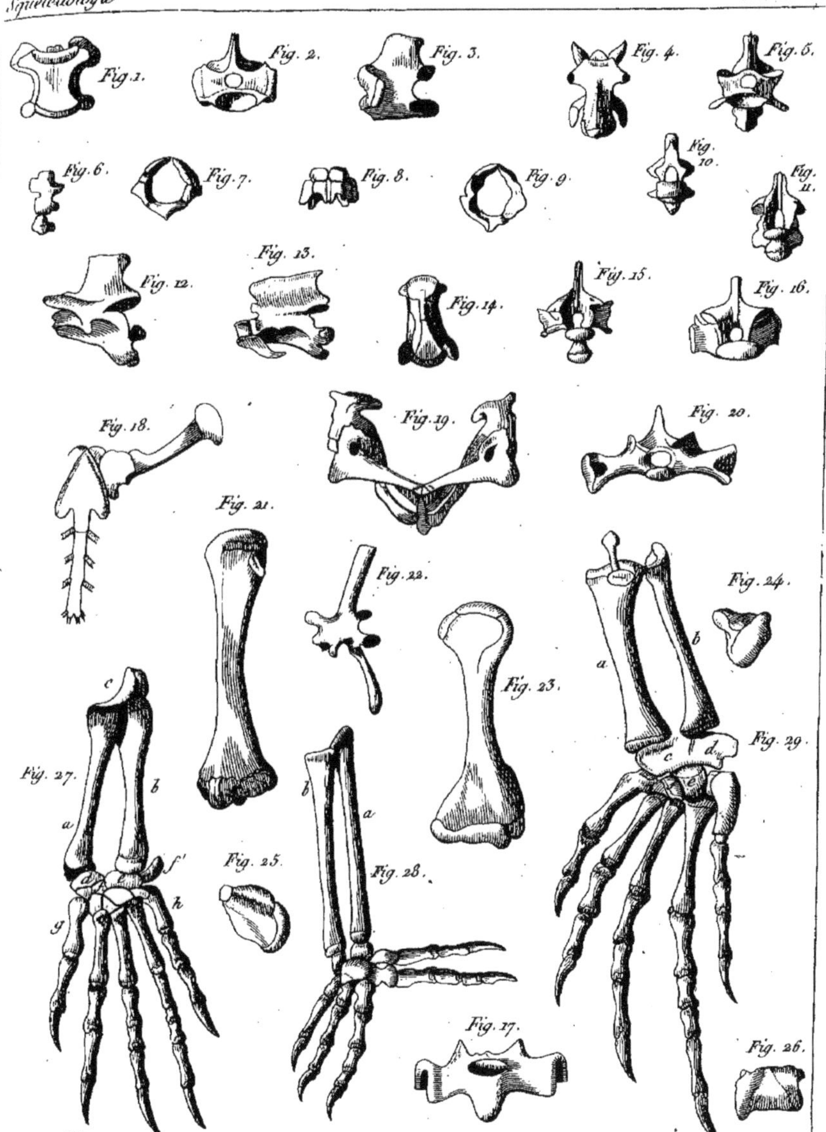

SYSTÈME ANATOMIQUE.
Sauriens.

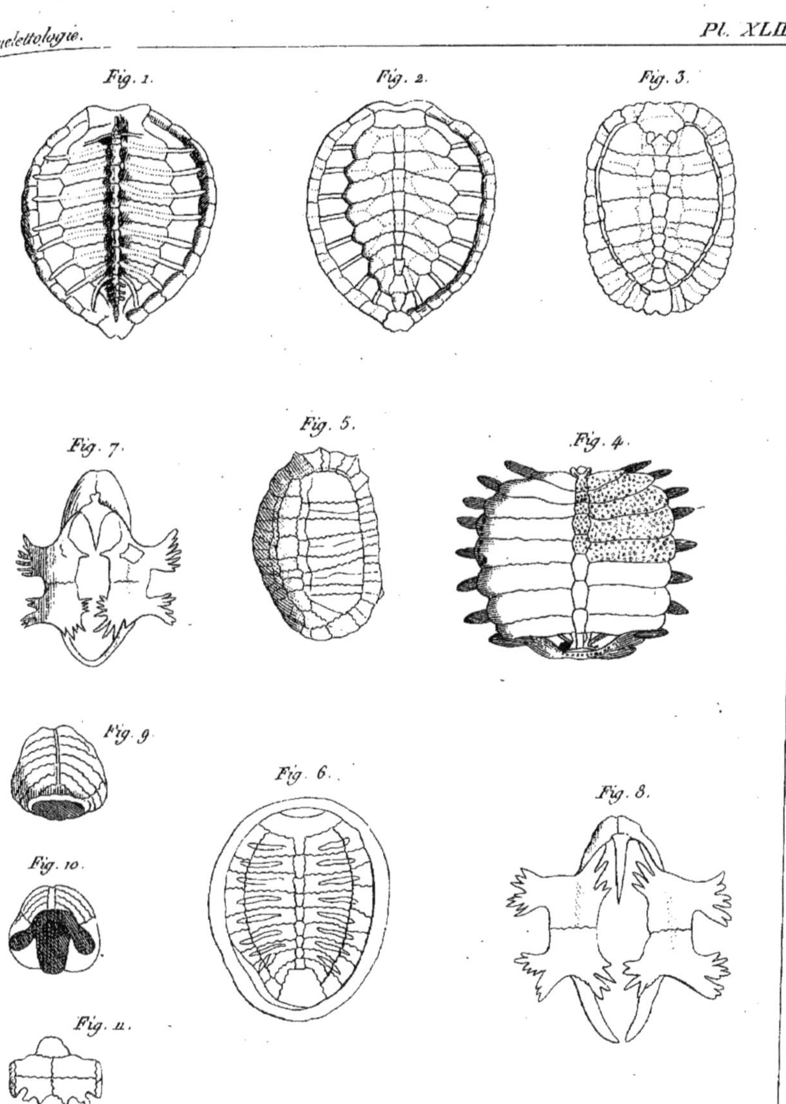

SYSTÊME ANATOMIQUE.
Chéloniens.

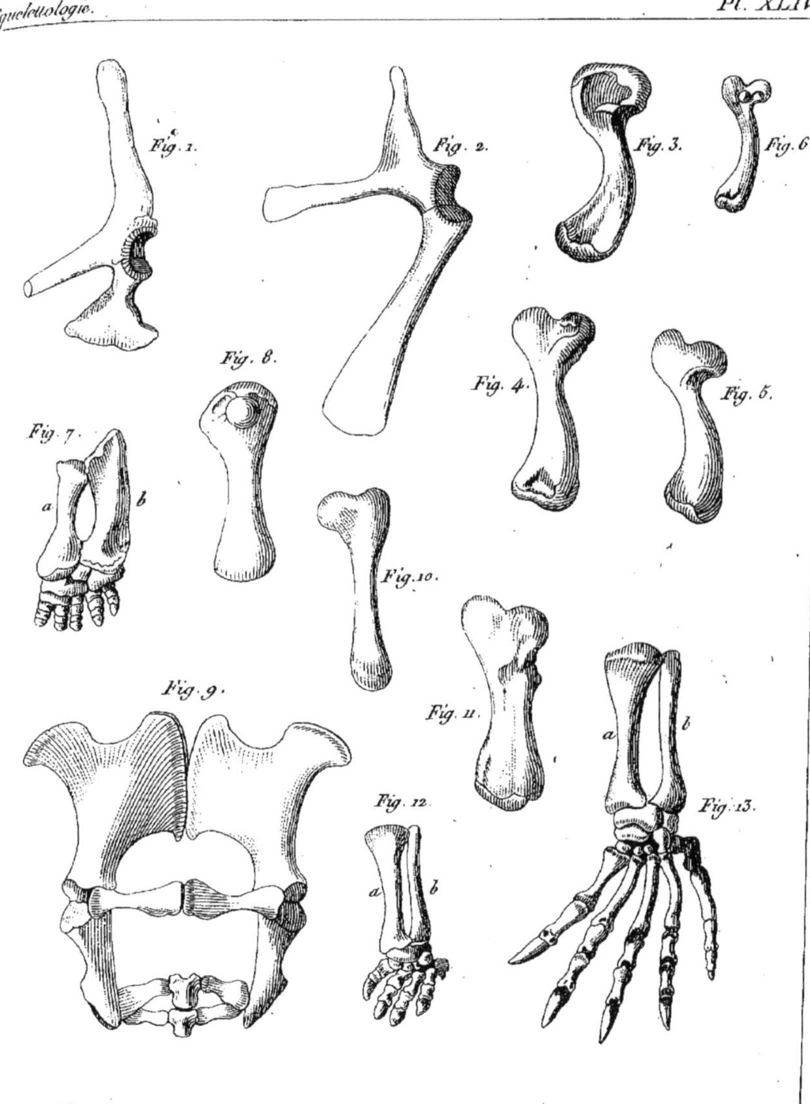

SYSTÊME ANATOMIQUE.
Chéloniens.

SYSTÉME ANATOMIQUE.

Cerf à bois gigantesques, *d'après M.M.* Jameson *et* Cuvier. — *Autres* Cerfs.

23.

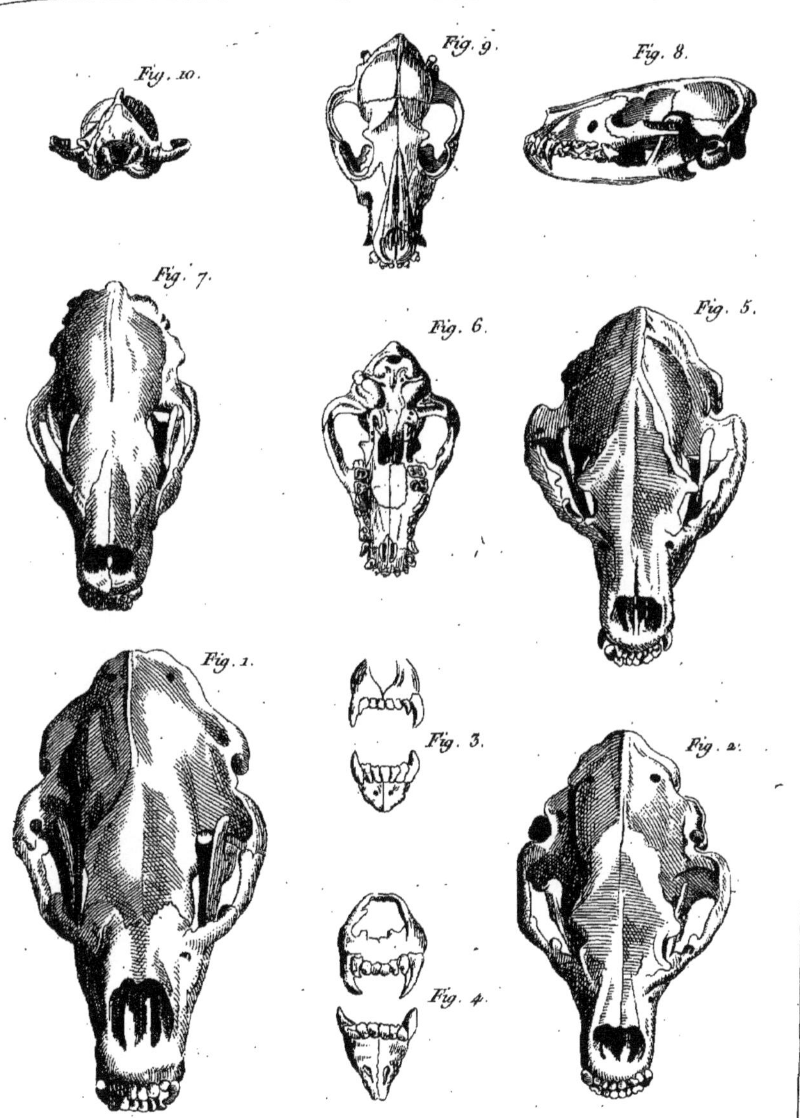

SYSTÈME ANATOMIQUE.
Carnassiers.

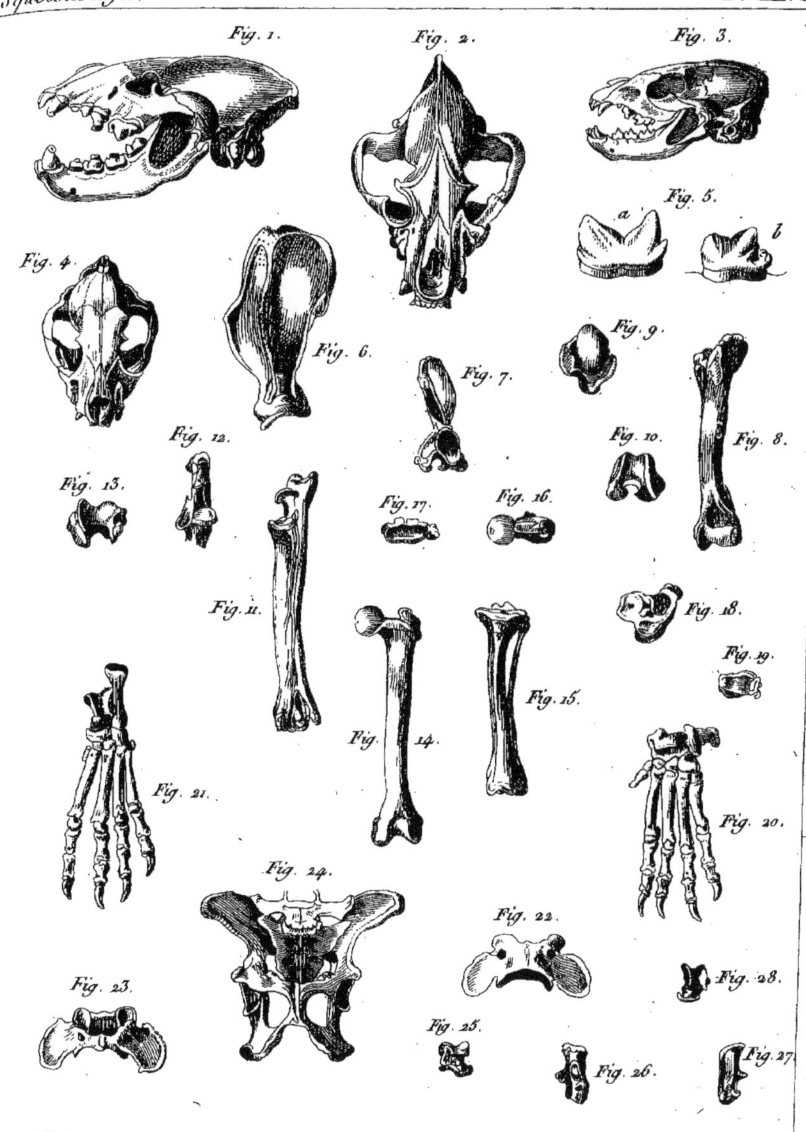

SYSTÊME ANATOMIQUE.

Hyène.

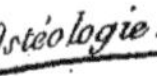

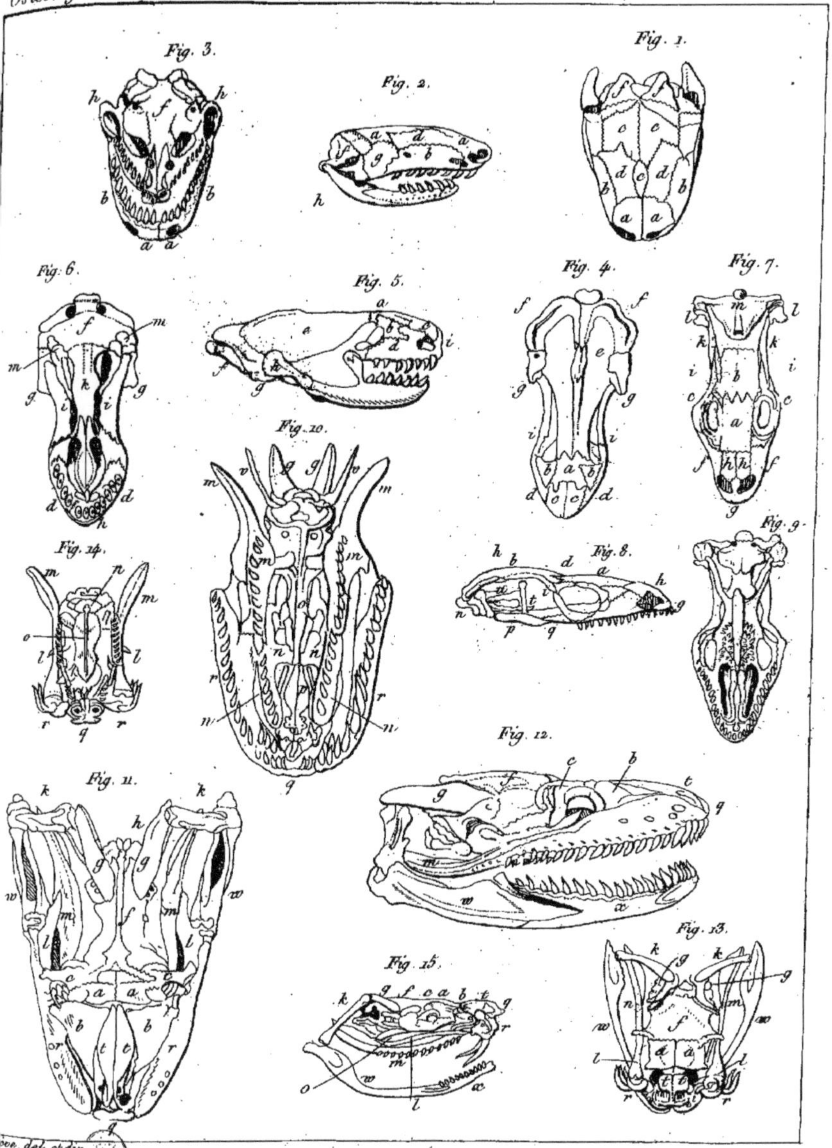

...ve, del. et dir.

SYSTEME ANATOMIQUE.
Ophidiens. *Tête osseuse.*

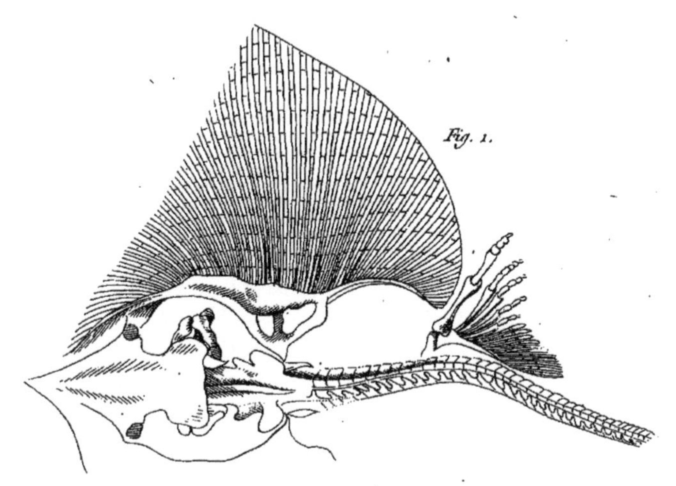

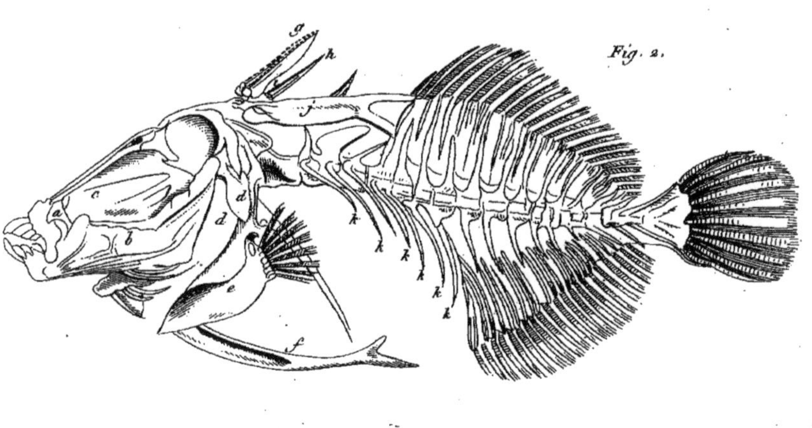

SYSTÈME ANATOMIQUE.
Poissons.   Squelette.

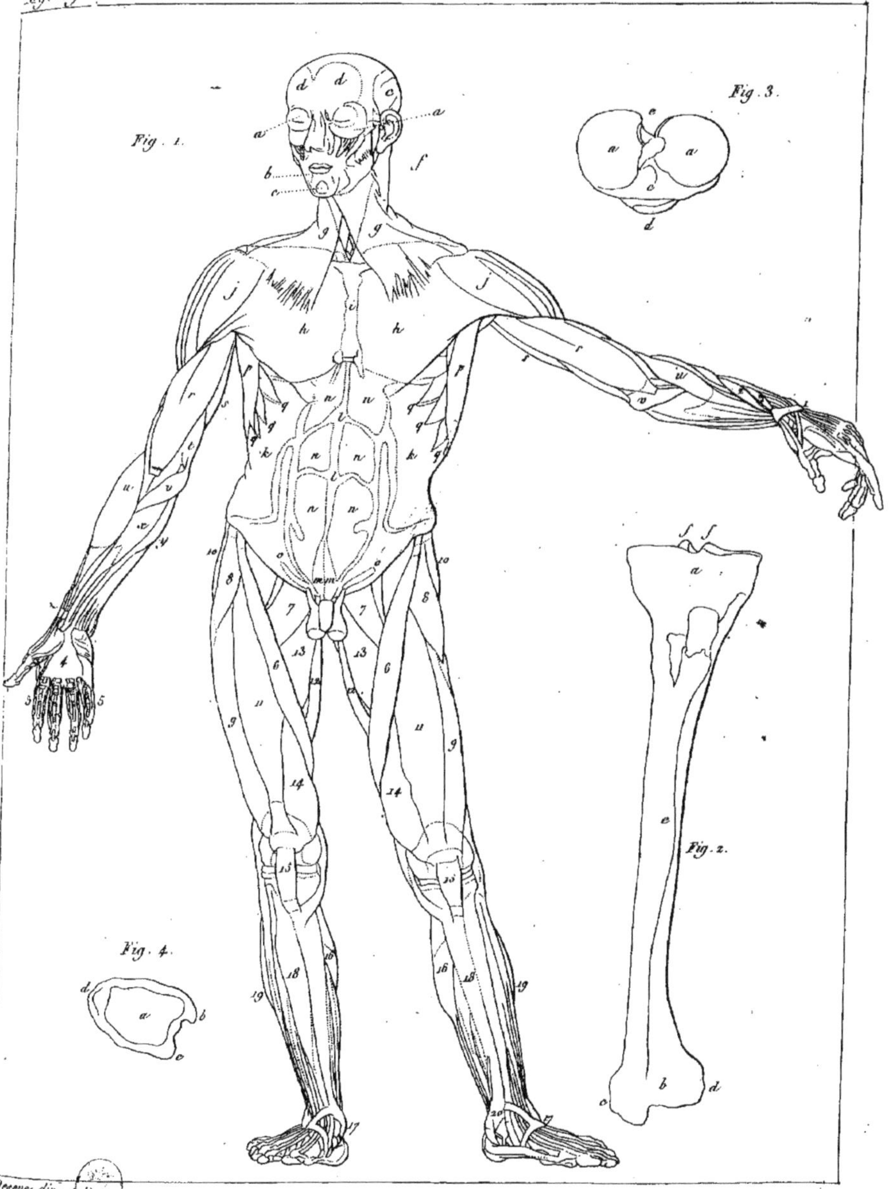

SYSTEME ANATOMIQUE

Homme.

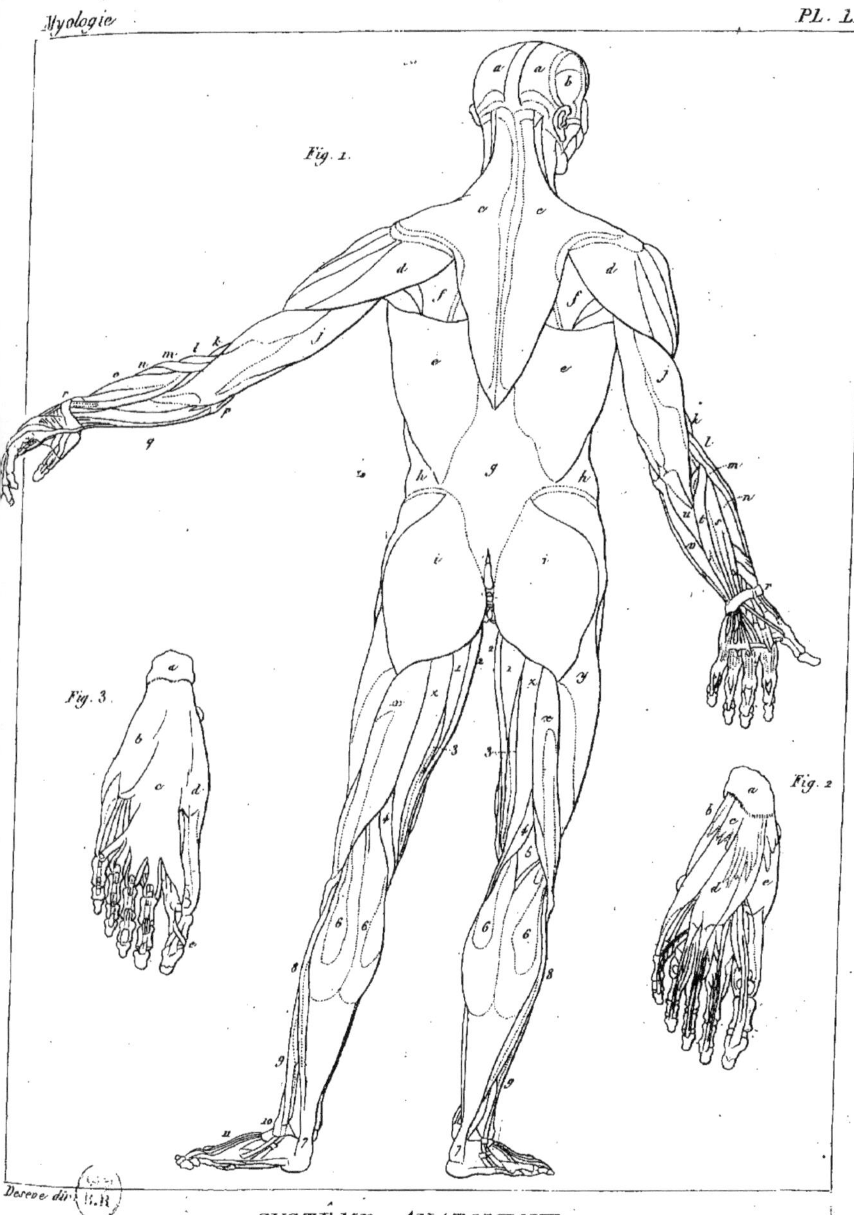

SYSTÉME ANATOMIQUE
Homme

26

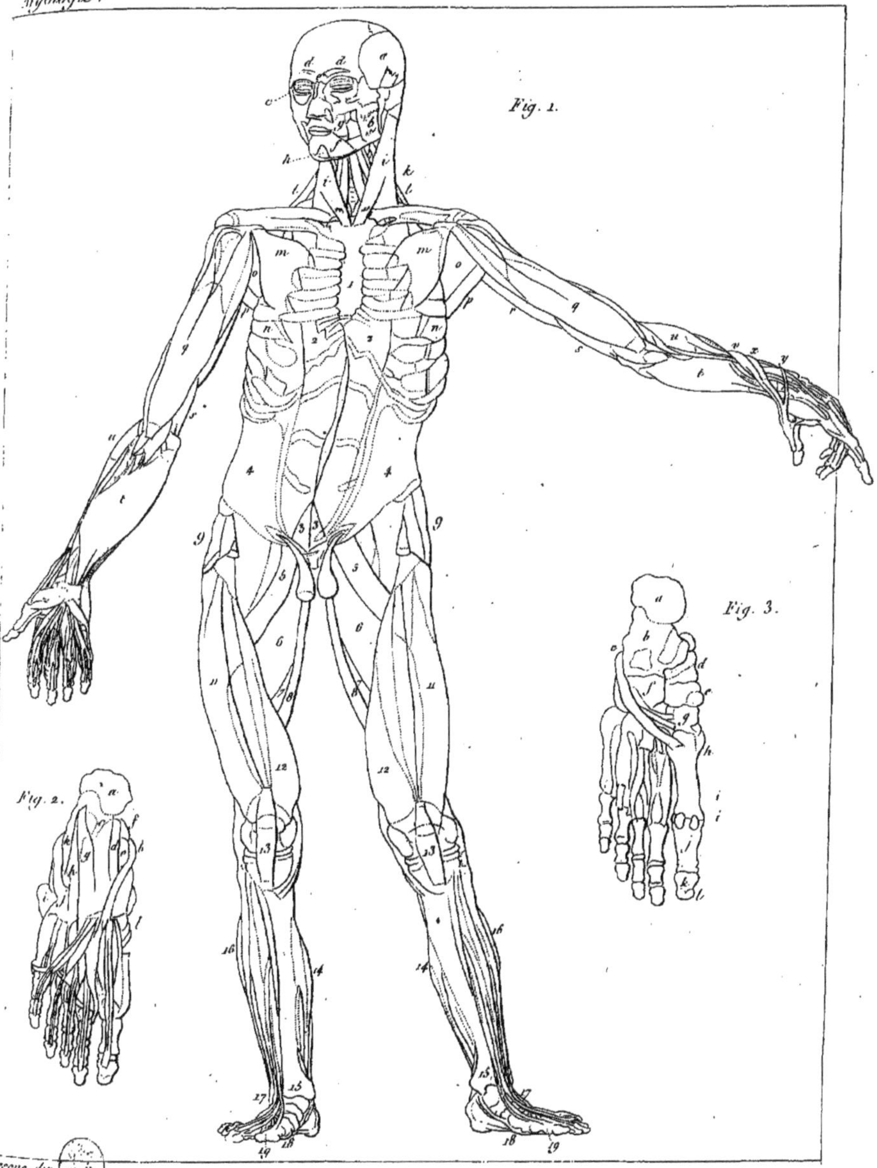

Fig. 1.

Fig. 2.

Fig. 3.

SYSTÈME ANATOMIQUE
Homme.

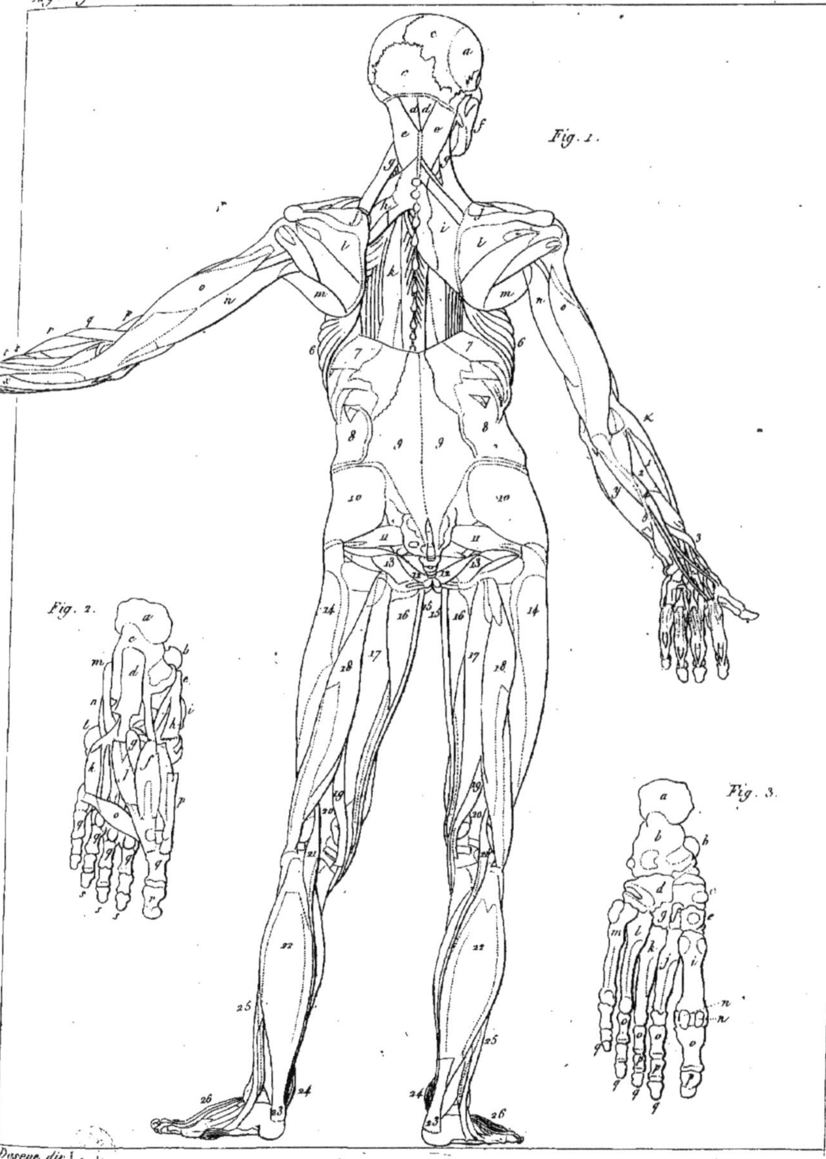

SYSTÈME ANATOMIQUE
Homme.

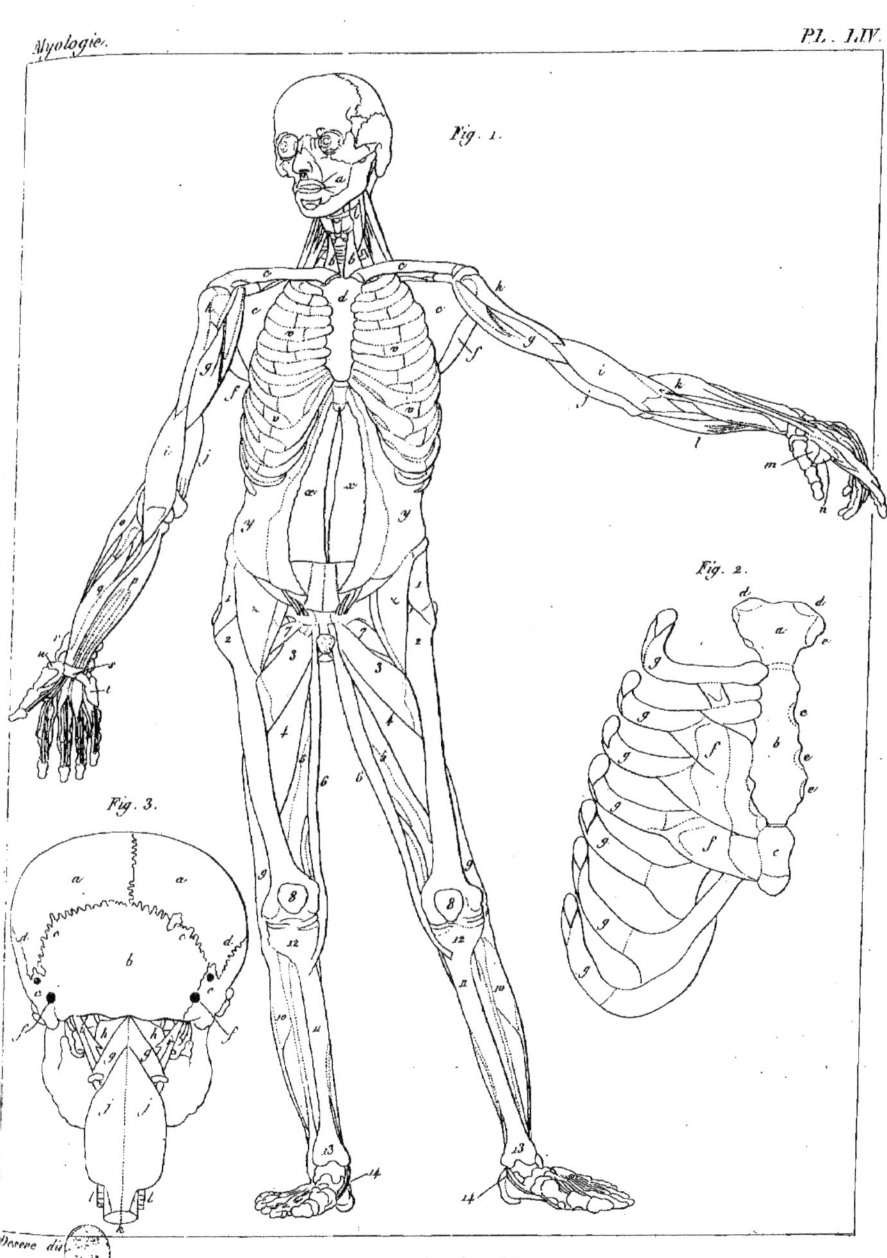

SYSTEME ANATOMIQUE.

Homme. *Muscles profonds.*

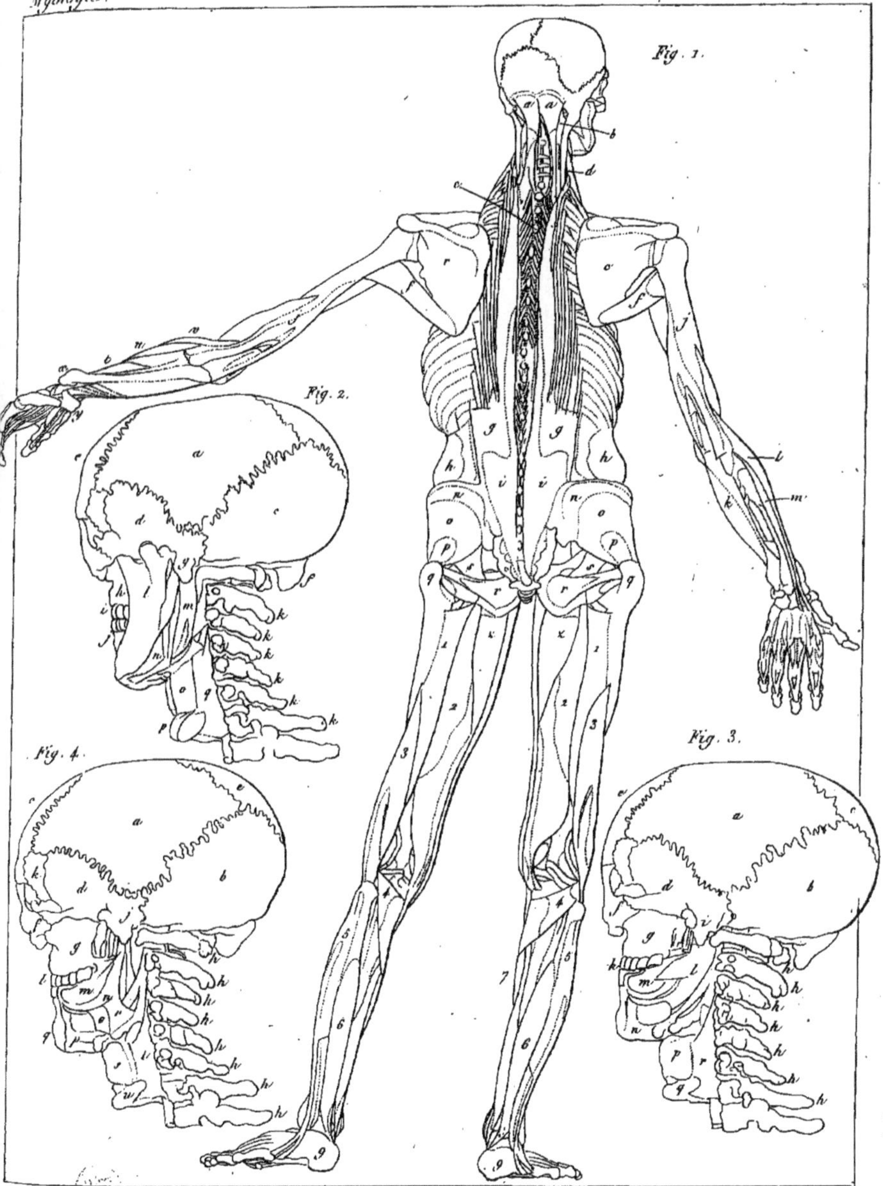

SYSTEME ANATOMIQUE.

Homme. *Muscles profonds.*

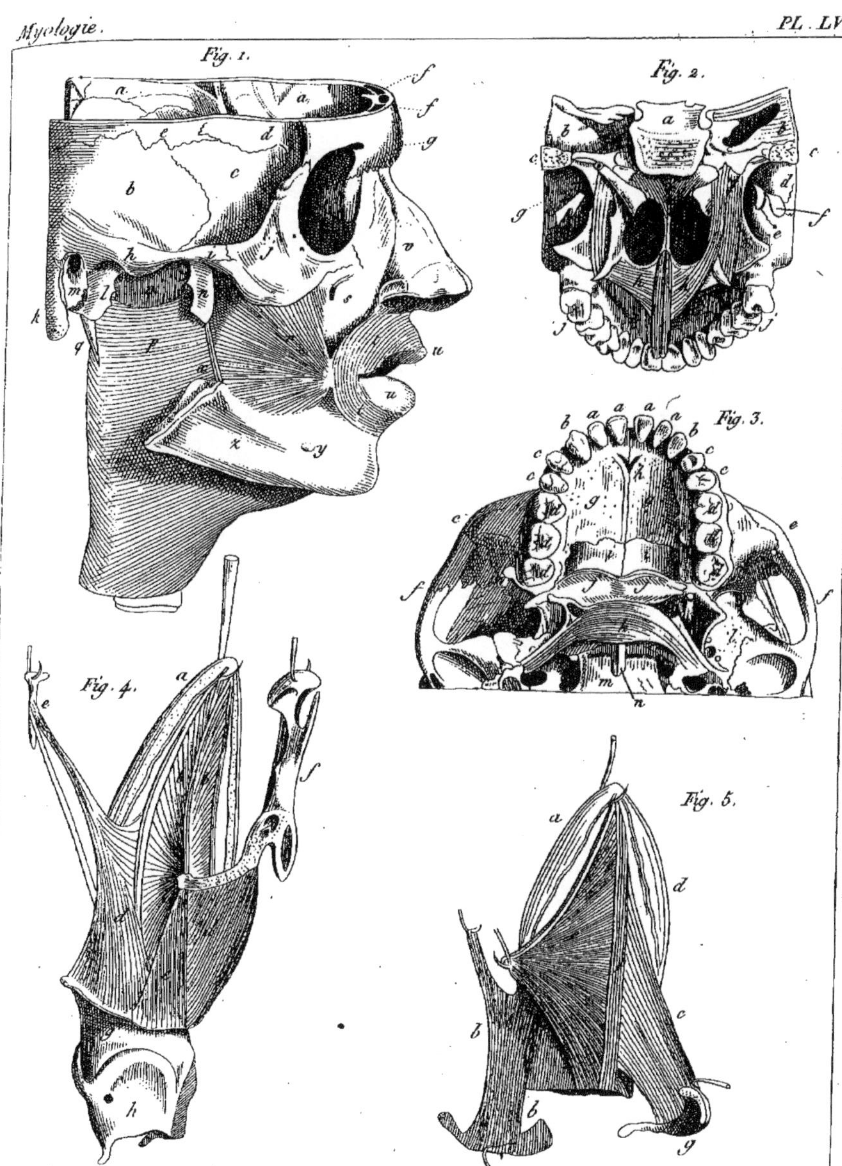

SYSTÉME ANATOMIQUE.

Homme. *Muscles des lèvres, des joues et de la langue.*

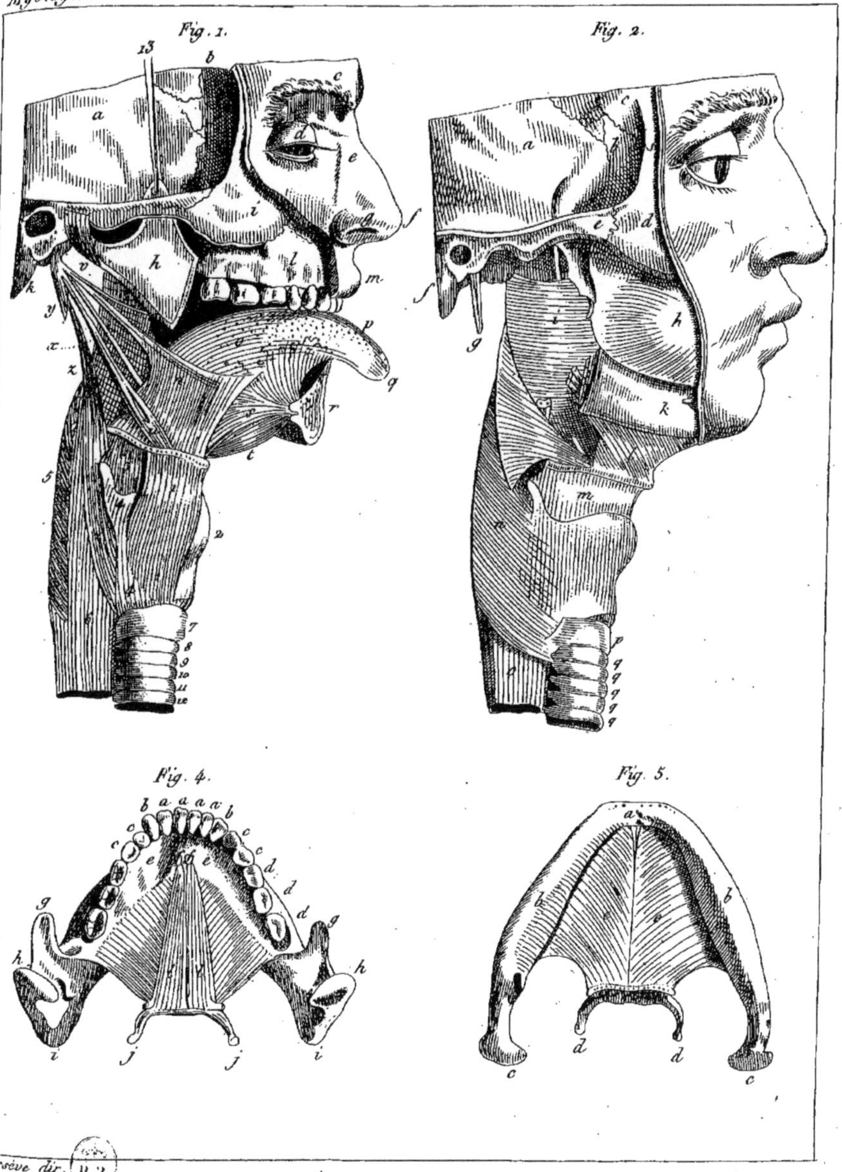

Deseve dir.

SYSTÊME ANATOMIQUE.

Homme, *Muscles des joues, du pharynx et de la langue.*

28

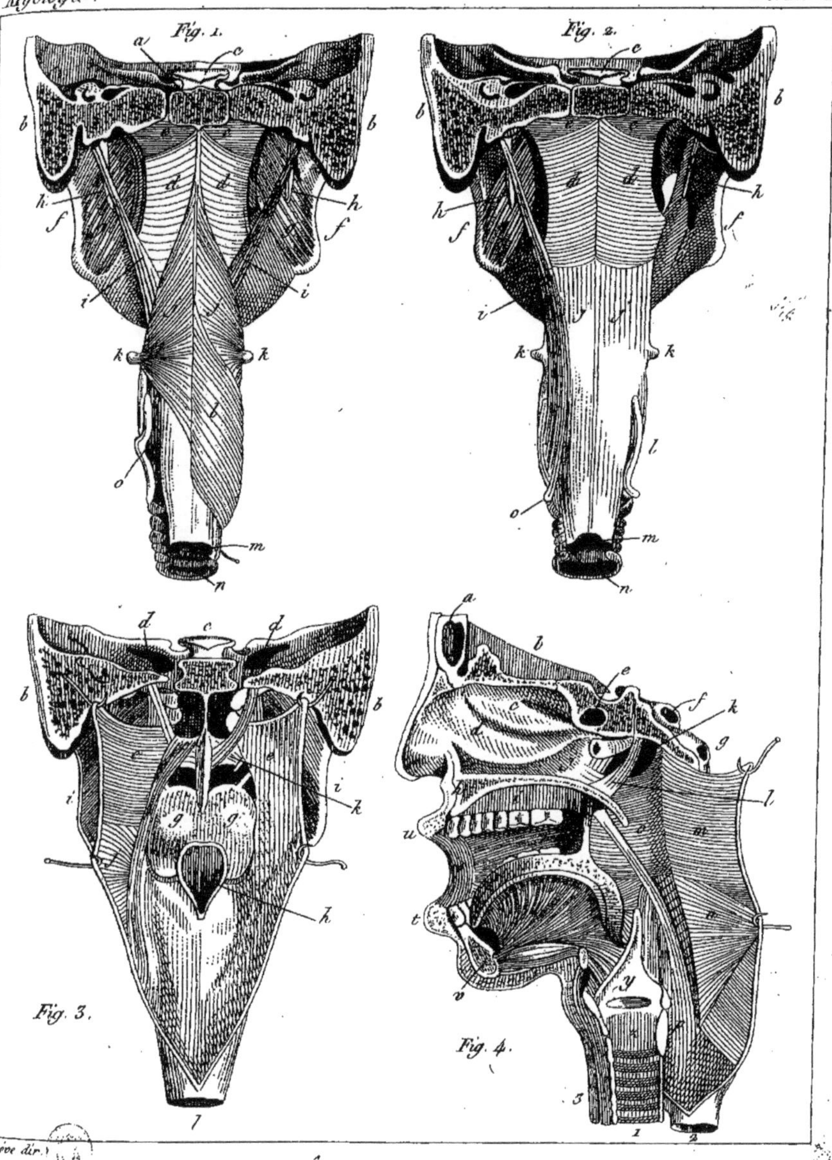

SYSTÈME ANATOMIQUE.

Homme. Muscles du pharynx et de la langue.

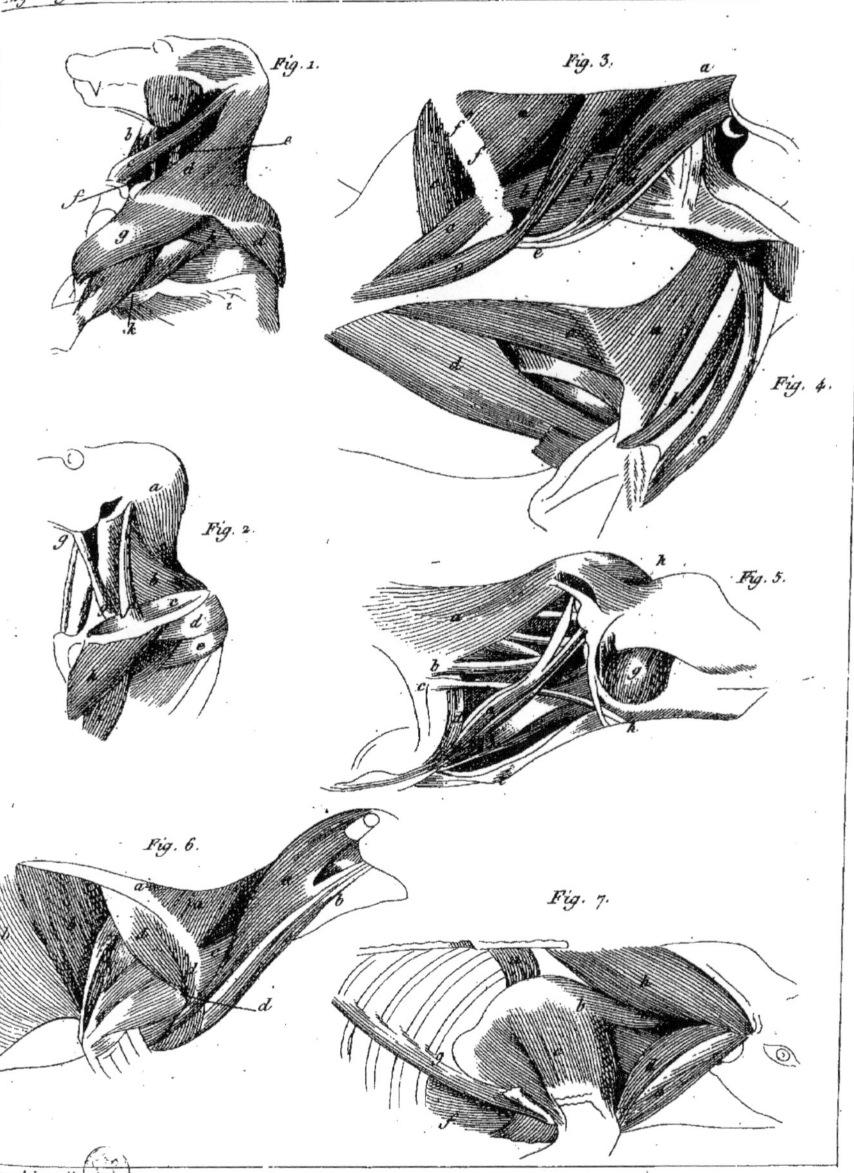

..cère. del. et dir. B.R

SYSTÊME ANATOMIQUE.
Mammifères. Muscles de l'Epaule.

Deseve dir.

SYSTÊME ANATOMIQUE.
Homme. *Face abdominale du diaphragme.*

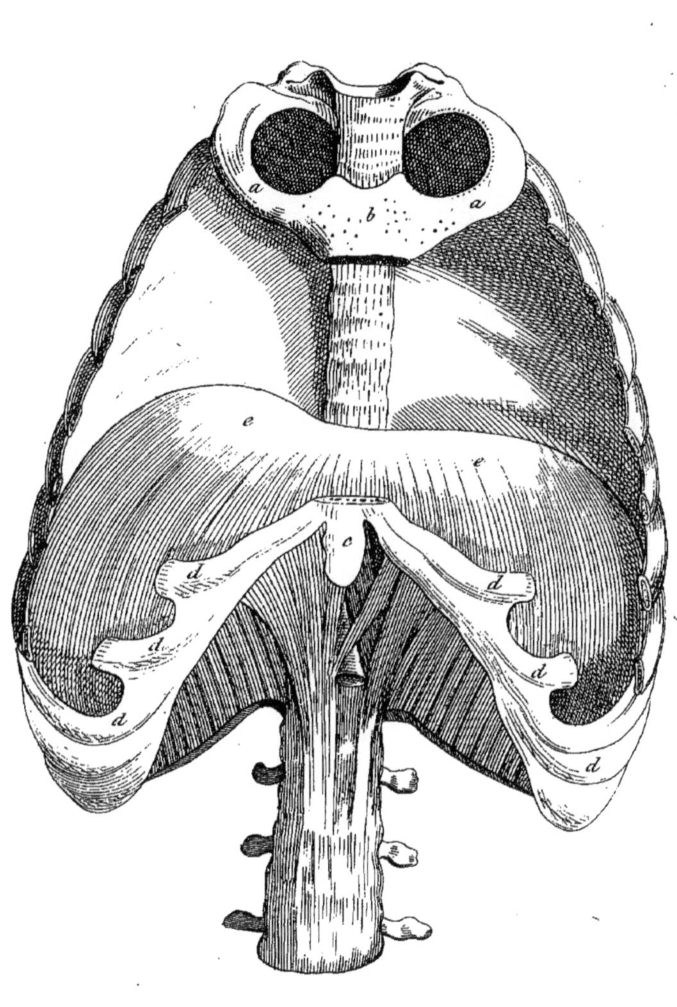

SYSTÈME ANATOMIQUE.

Homme. Face Thoracique du Diaphragme.

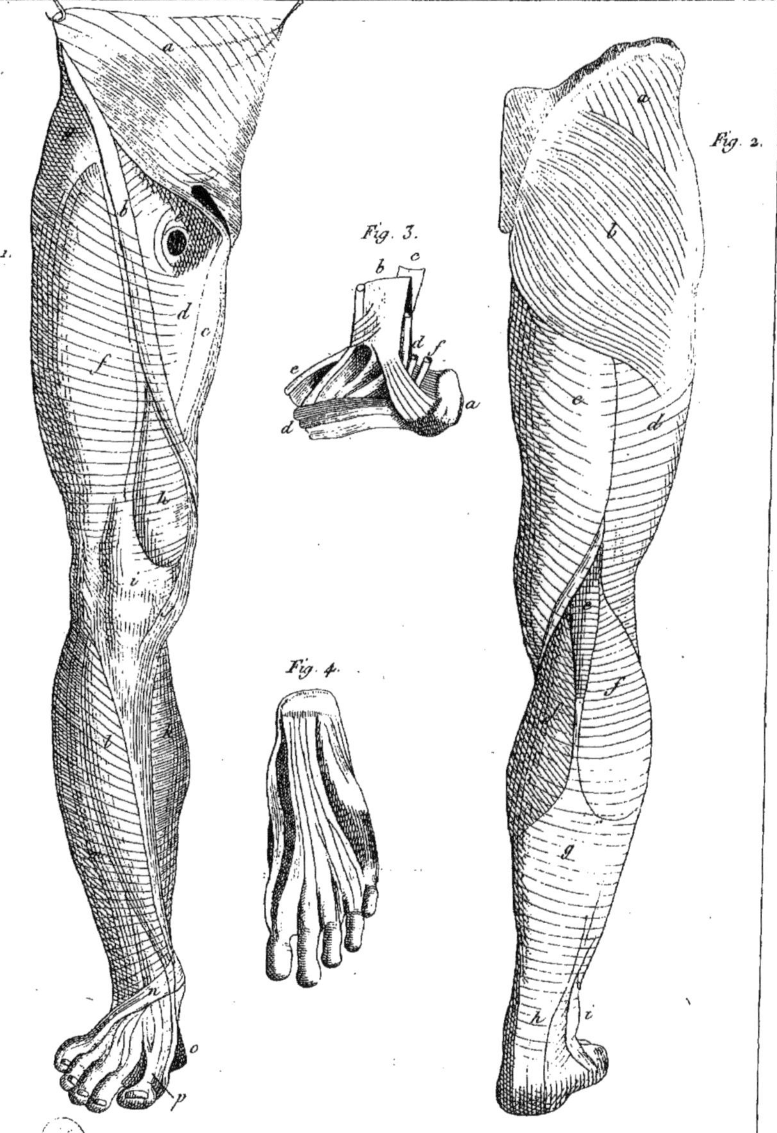

Deseve del. et dir.

SYSTÈME ANATOMIQUE

Homme. *Aponévrose d'enveloppe du membre abdominal. Myologie du pied.*

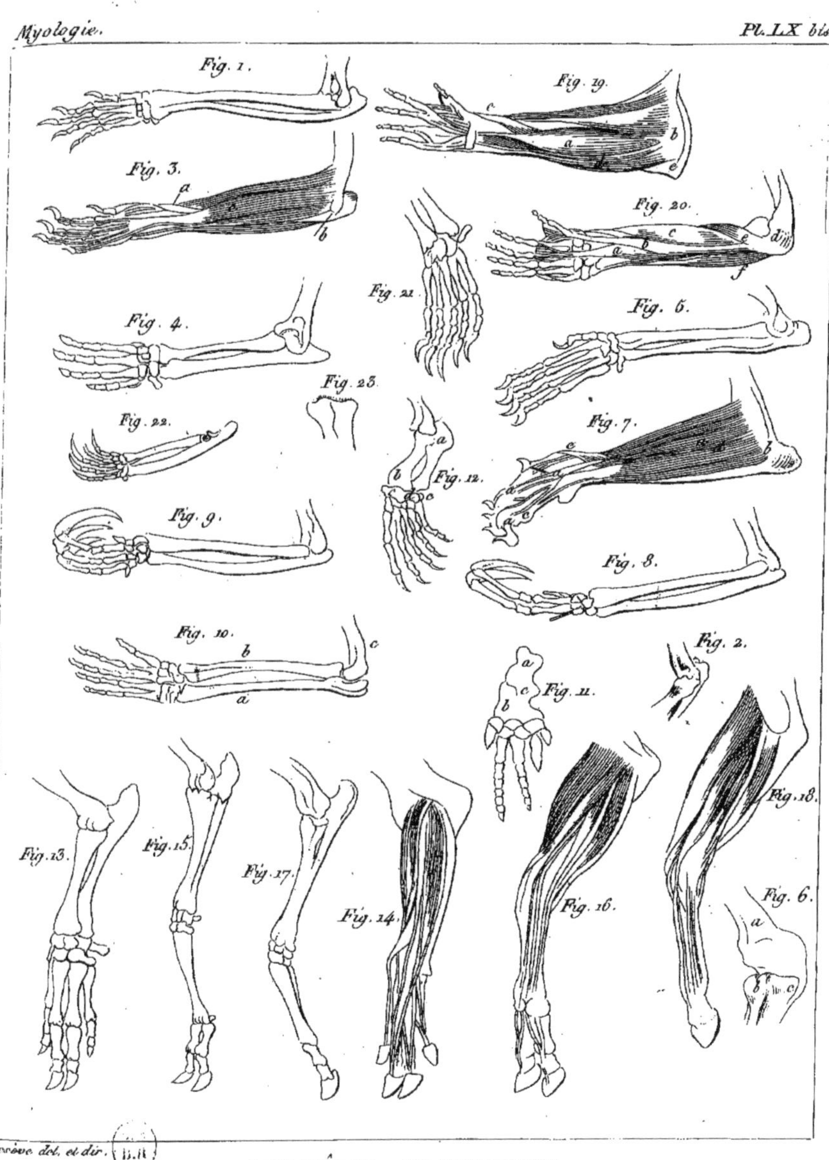

SYSTÉME ANATOMIQUE.

Os et muscles de la main chez les Mammiféres.

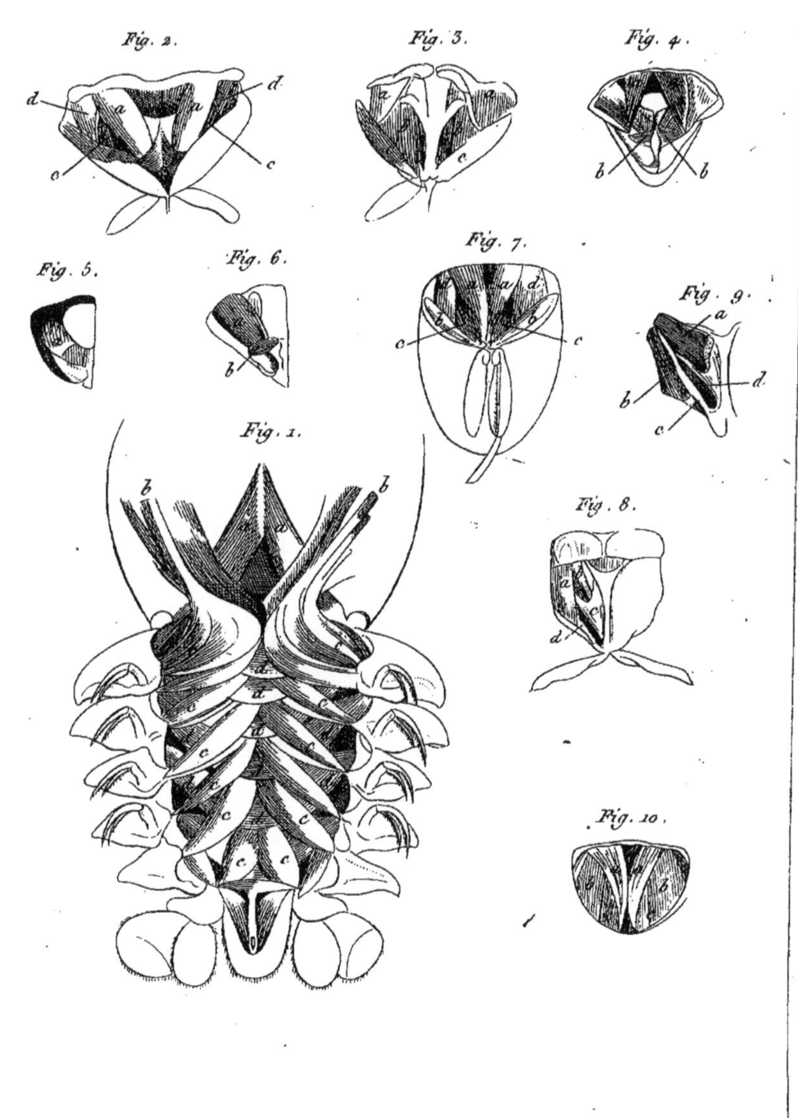

SYSTÊME ANATOMIQUE,

Muscles des pattes des Insectes et de la queue de l'Ecrevisse.

20 bis

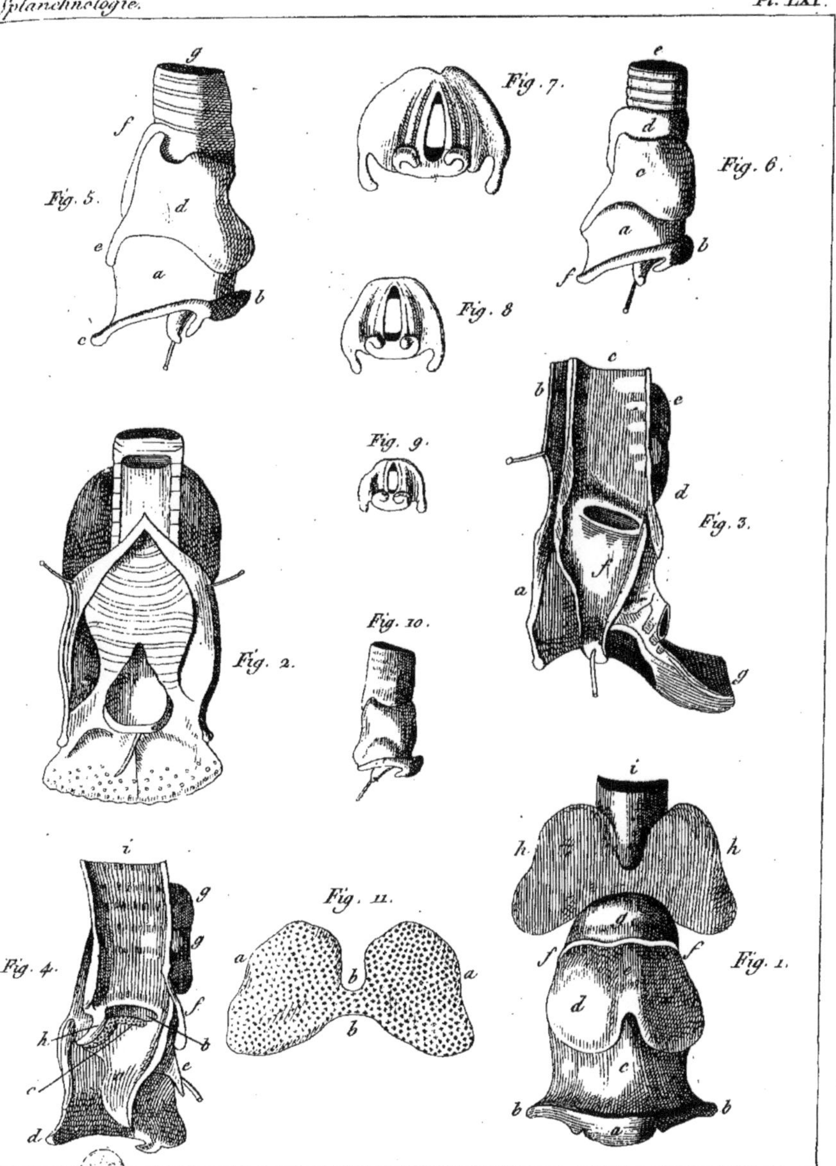

SYSTEME ANATOMIQUE.
Homme, Larynx.

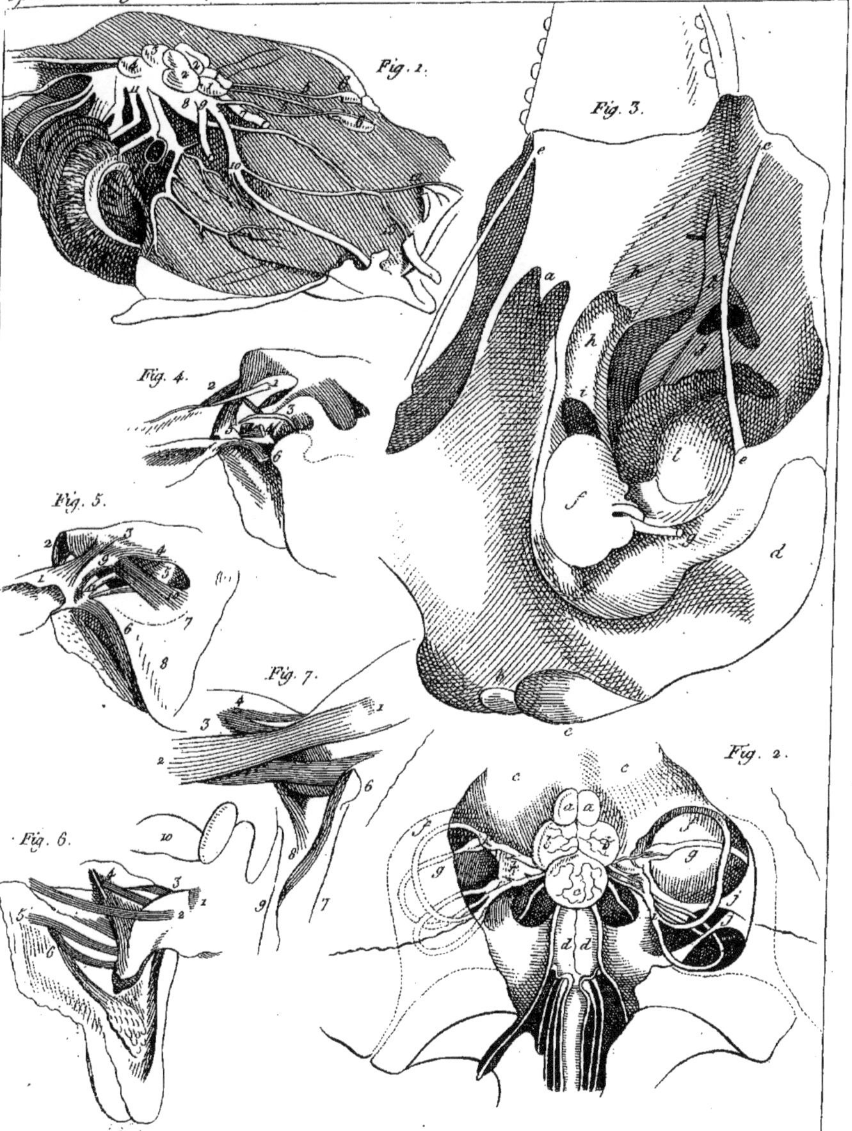

Decève del. et dir.

SYSTÊME ANATOMIQUE.
Mammifères. *Cerveau et Oreille.*

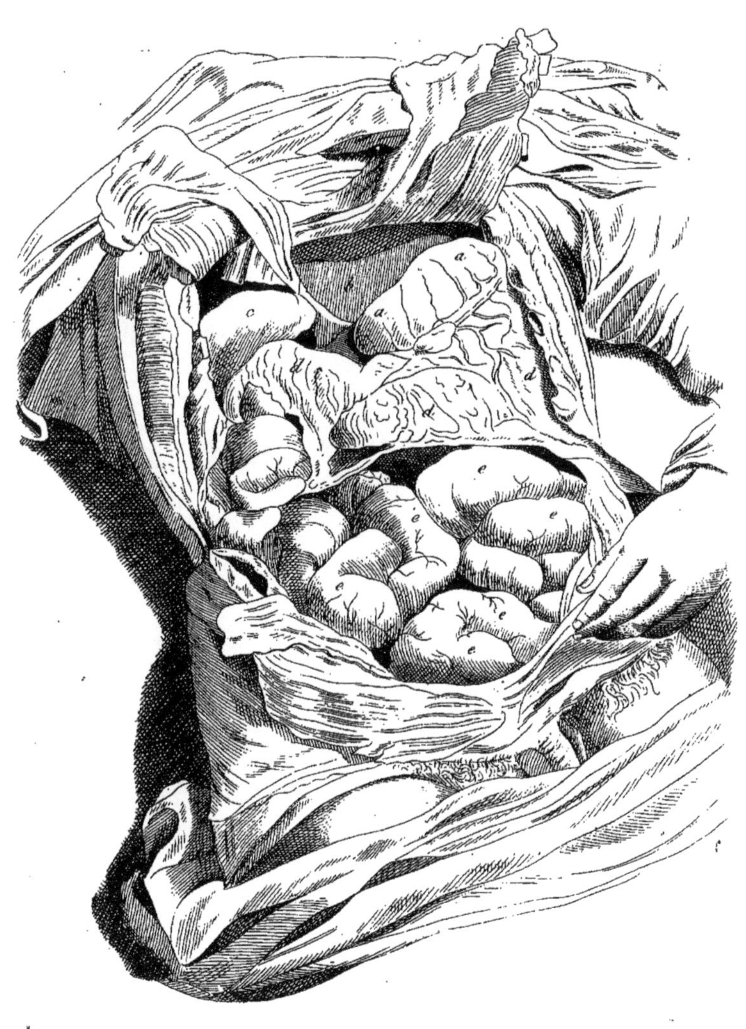

SYSTÉME ANATOMIQUE.

Homme. *Viscères de la Digestion.*

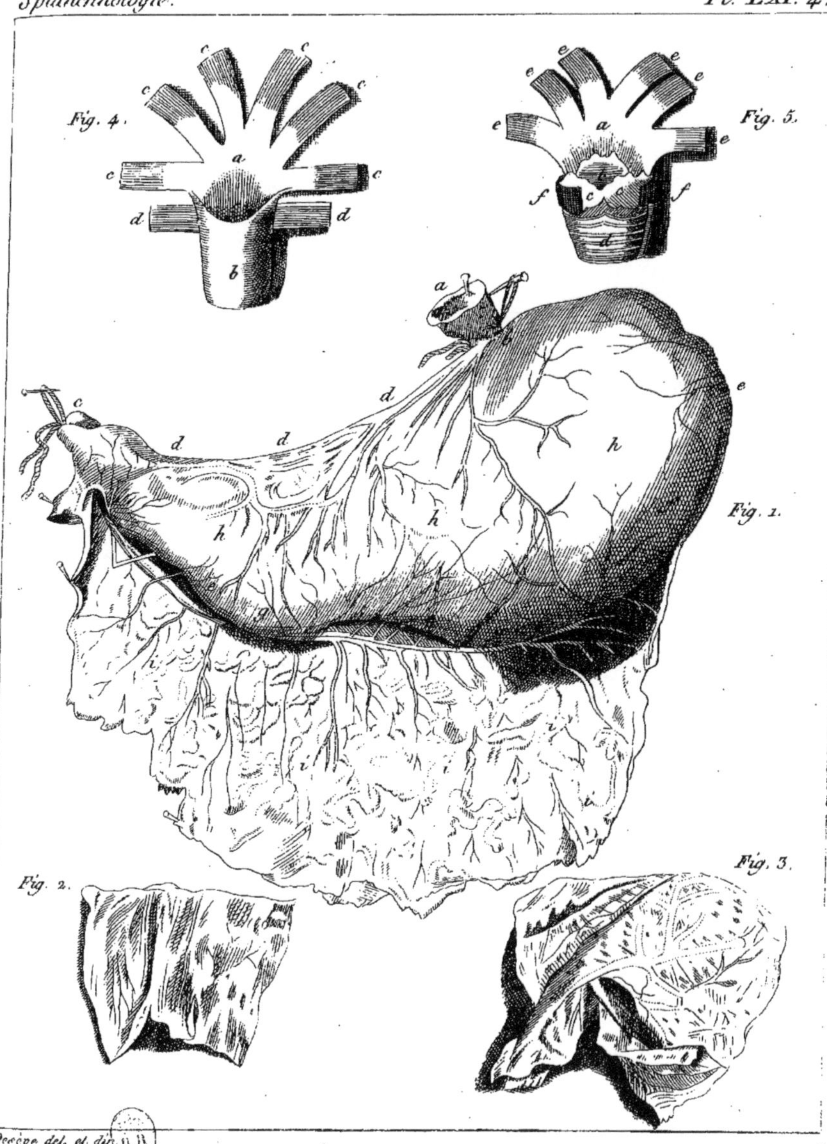

SYSTÊME ANATOMIQUE.

Homme. *Estomac, Viscères de la Digestion.*

Desève del. et dir.

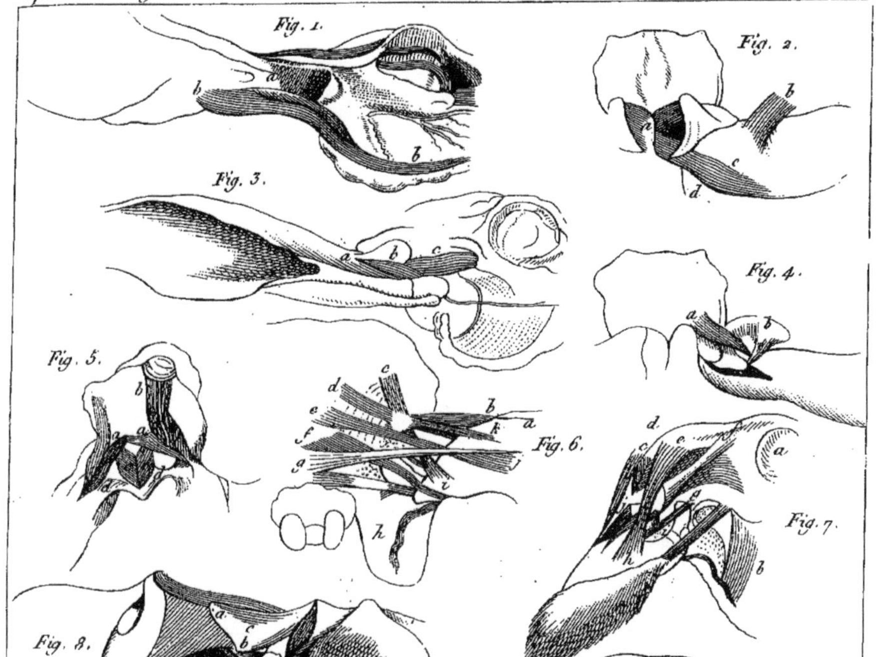

Desève del. et dir.

SYSTÊME ANATOMIQUE.

Mammifères. *Muscles de l'Oreille. Pannicule charnu.*

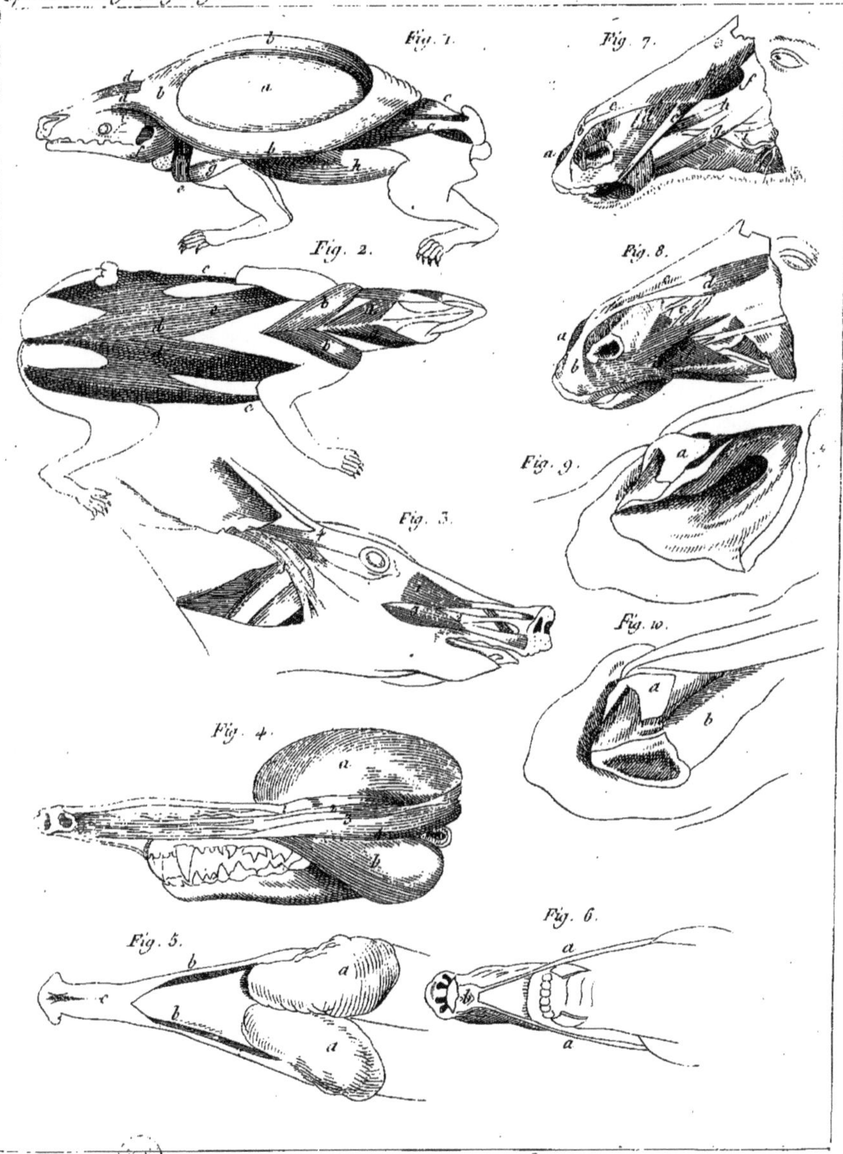

Desève del. et dir.

SYSTÈME ANATOMIQUE.

Mammifères. Pannicule charnu; Muscles du Nez.

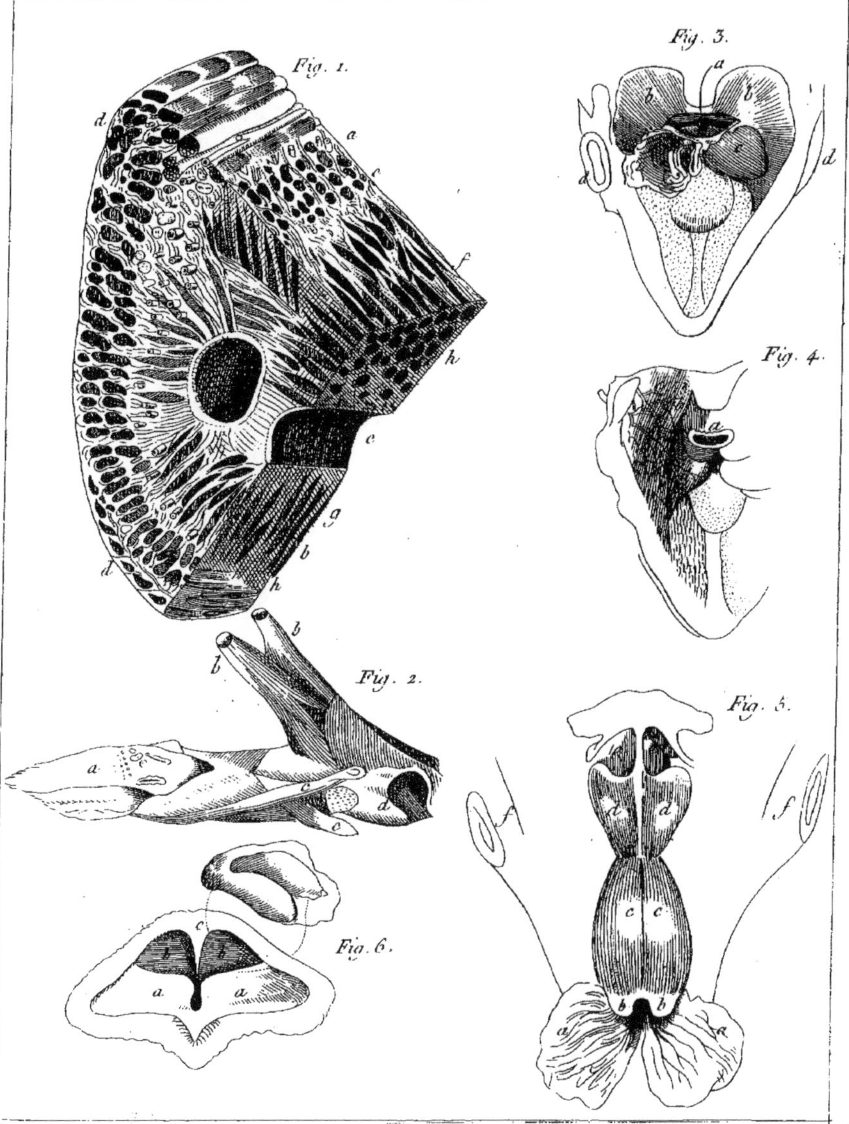

SYSTÉME ANATOMIQUE.
Mammifères. *Muscles du Nez.*

31 bis

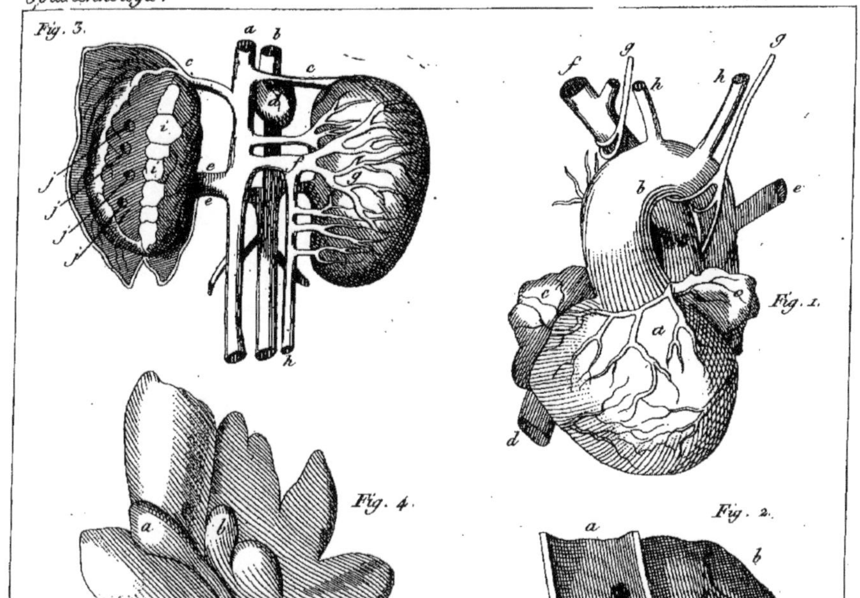

Dorève del. et dir.

SYSTÊME ANATOMIQUE.
Lamantin. Viscères.

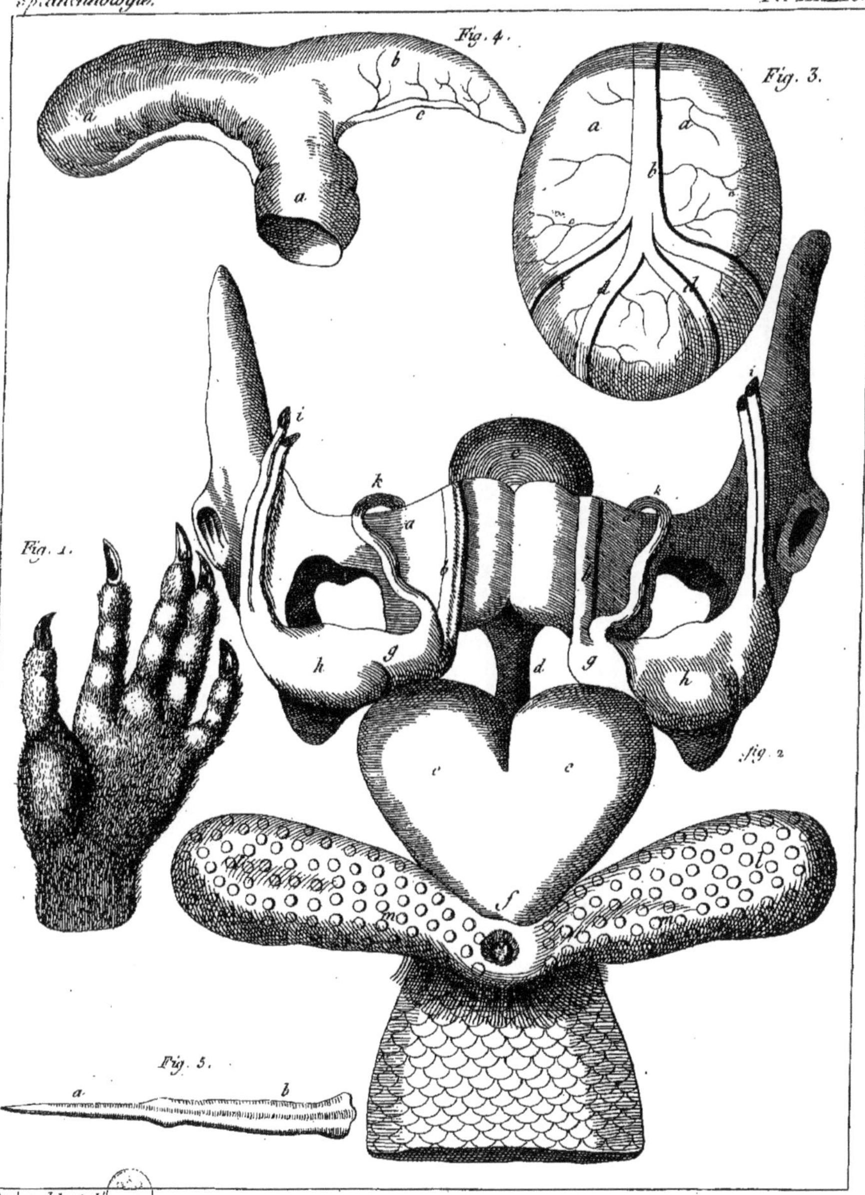

SYSTÊME ANATOMIQUE.

Castor. Viscères.

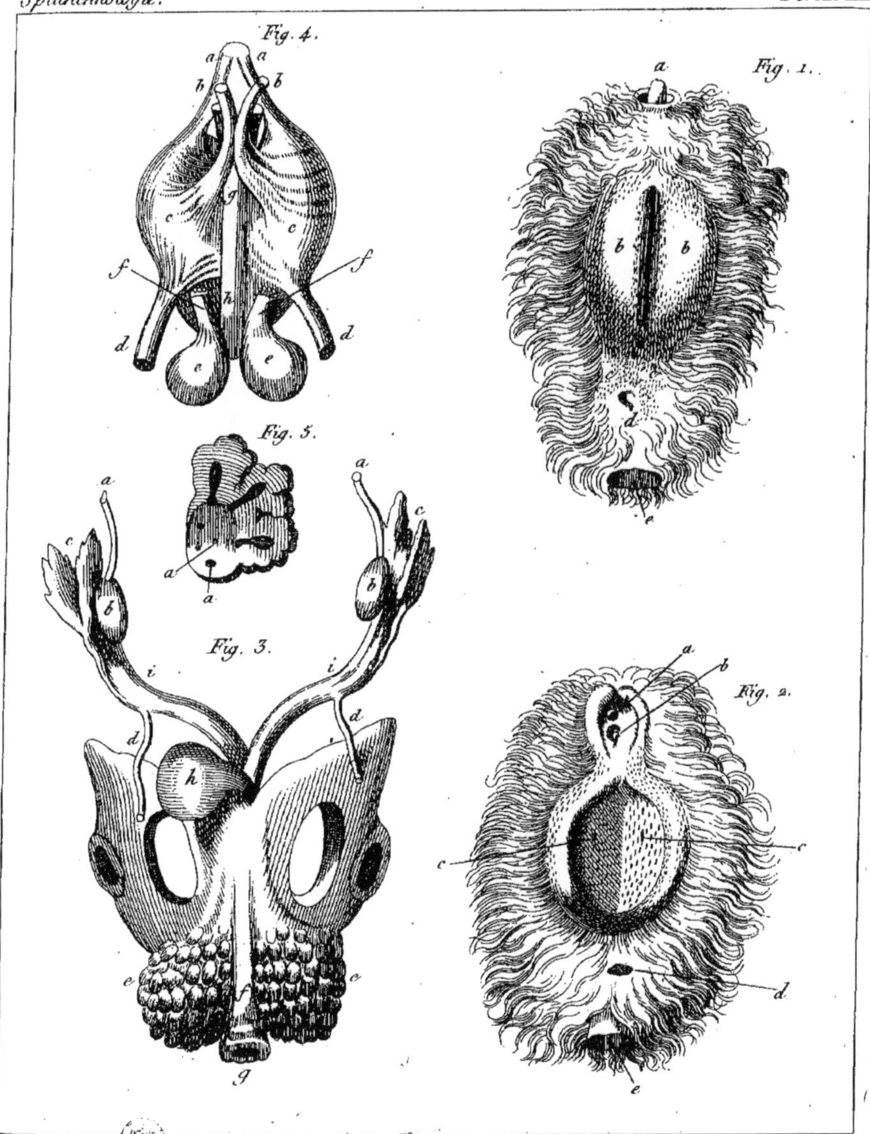

SYSTÊME ANATOMIQUE.
Civette, *Organes préparateurs du parfum.*

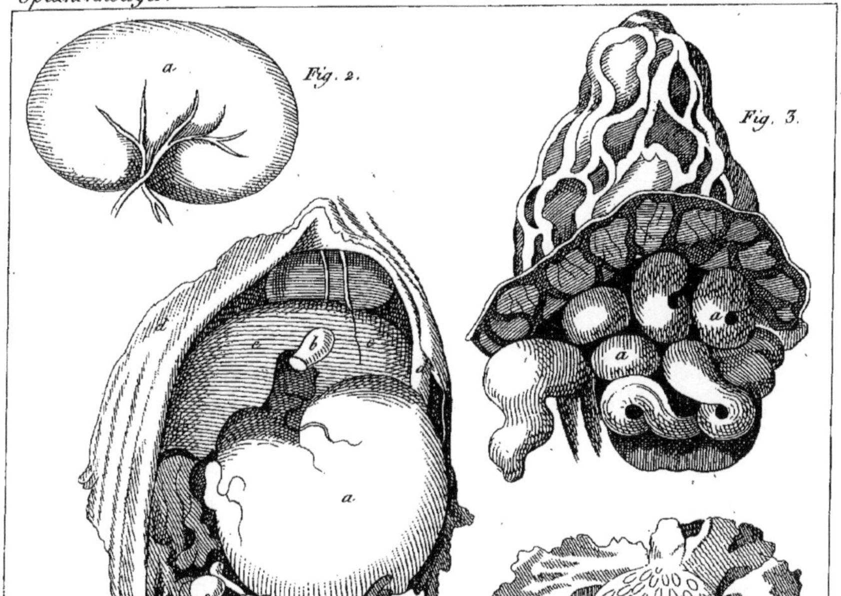

SYSTÊME ANATOMIQUE.

Lynx commun. *Viscères.*

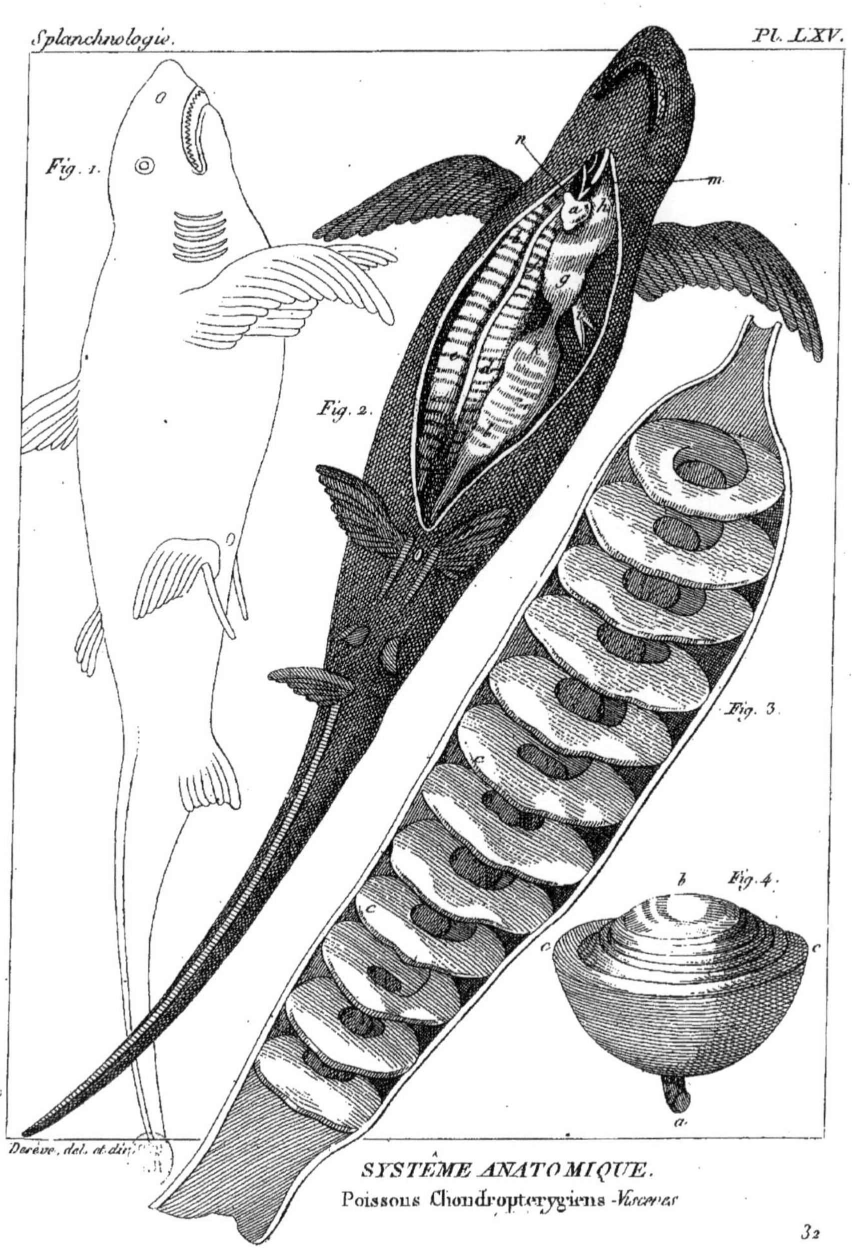

SYSTÊME ANATOMIQUE.

Poissons Chondropterygiens -*Viscères*

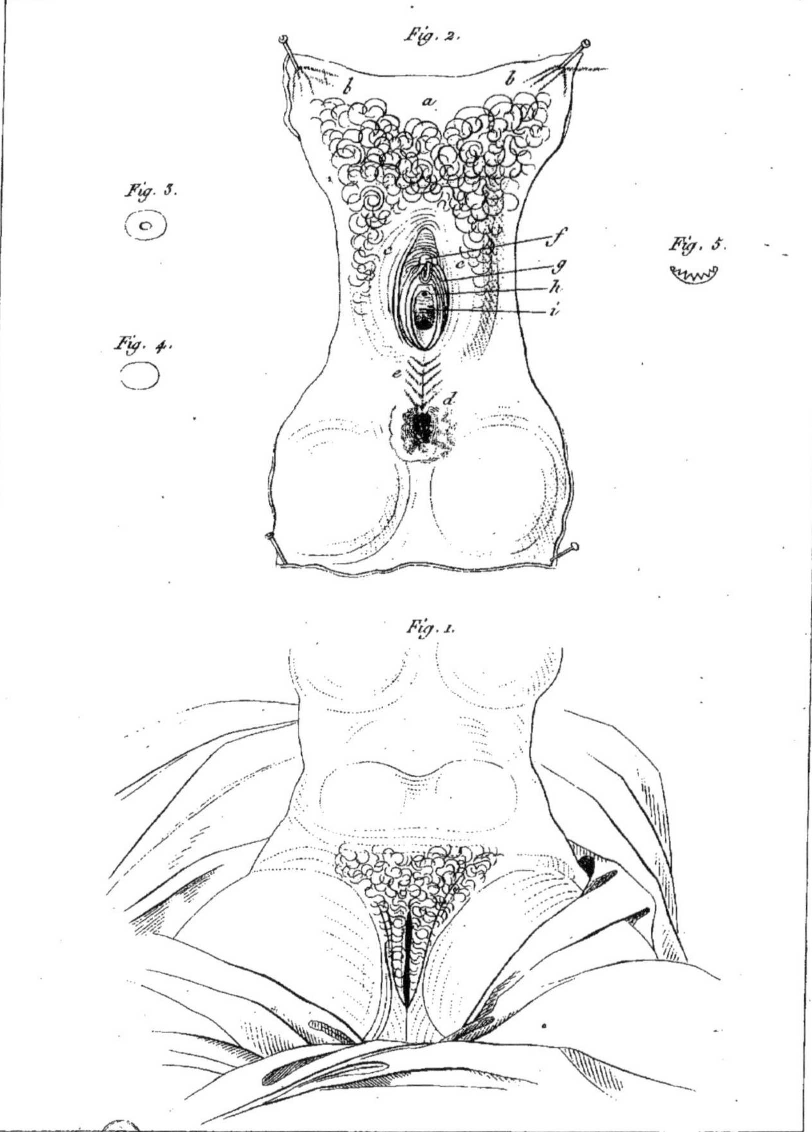

SYSTÈME ANATOMIQUE.

Homme. *Parties externes de la génération.*

Dreve. del. et dir.

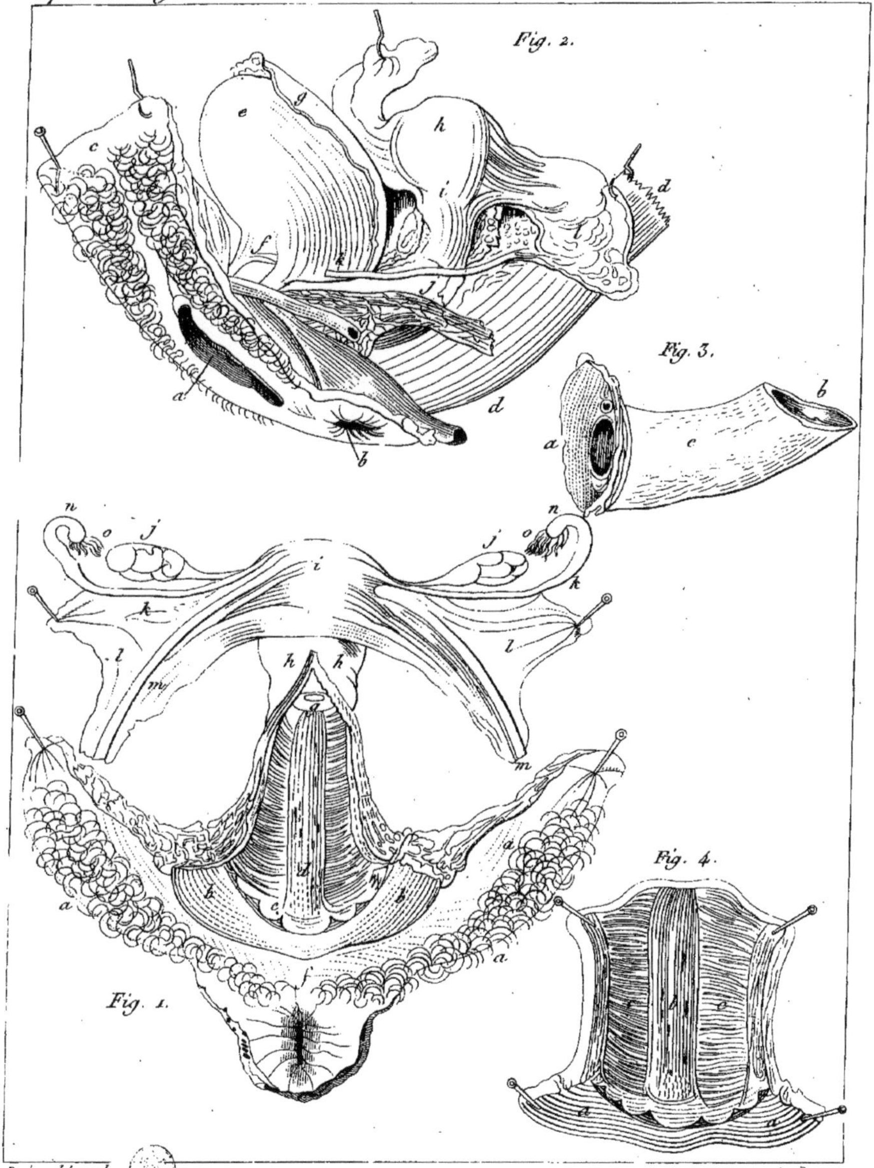

Fig. 2.

Fig. 3.

Fig. 4.

Fig. 1.

Desève del. et dir.

SYSTÊME ANATOMIQUE.
Homme. *Utérus et annexes.*

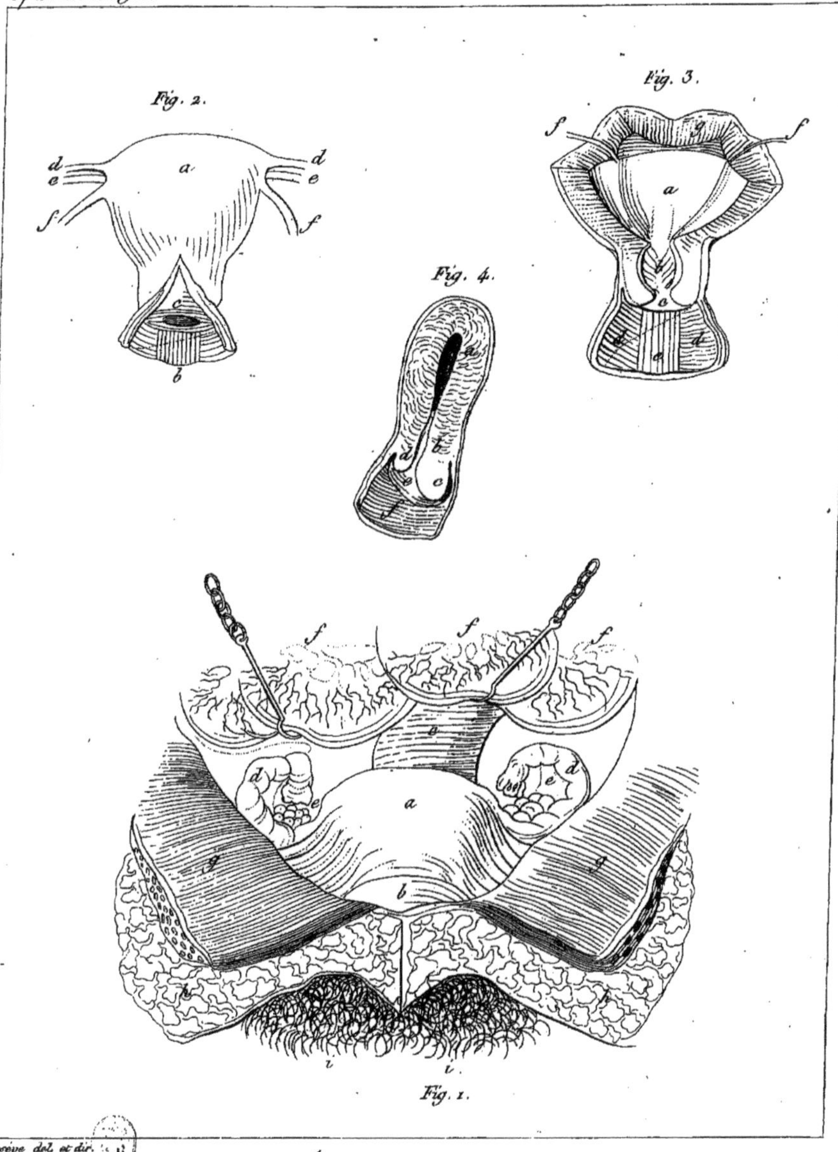

SYSTÊME ANATOMIQUE.

Homme. *Utérus et annexes.*

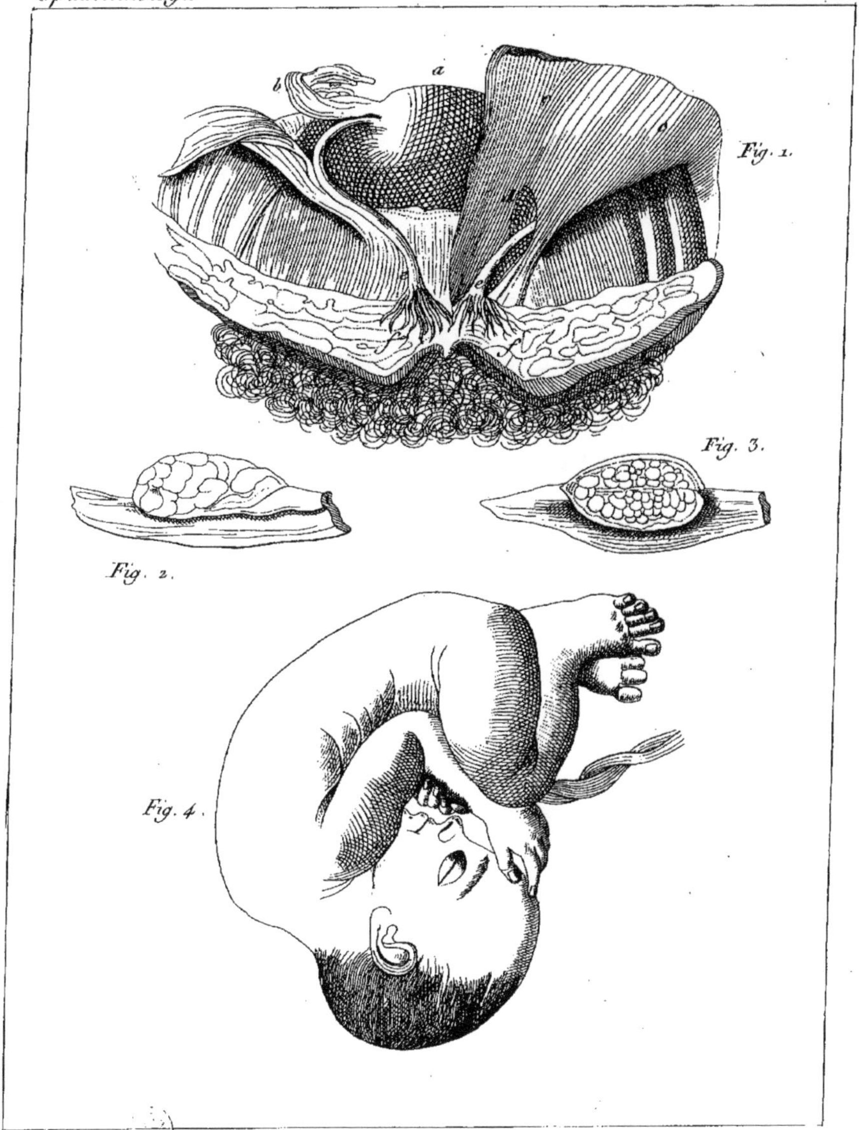

Desève del. et dir.

SYSTÉME ANATOMIQUE.

Homme. *Organes de la génération; Développement du Fœtus.*

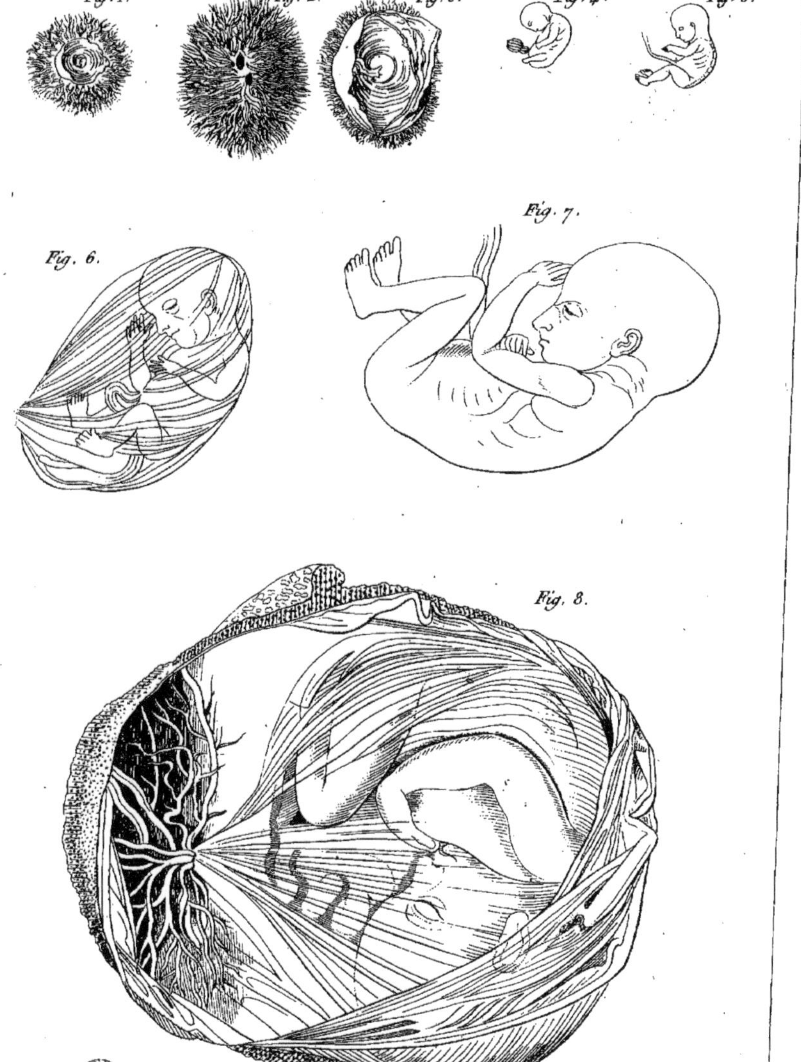

SYSTÉME ANATOMIQUE.
Homme. *Développement du produit de la conception.*

Fig. 1.

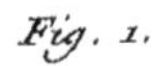
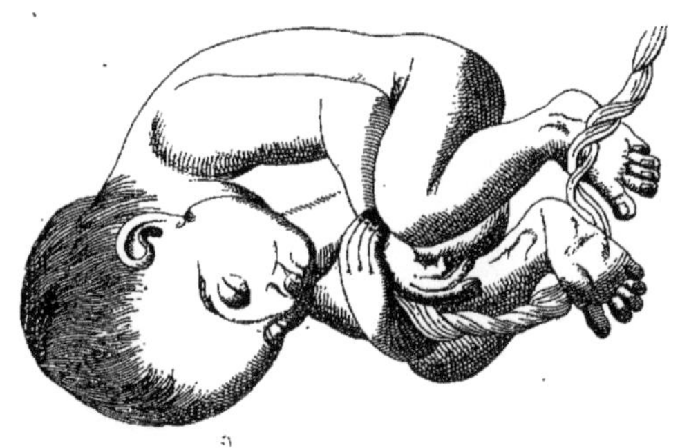

Fig. 2.   *Fig. 3.*

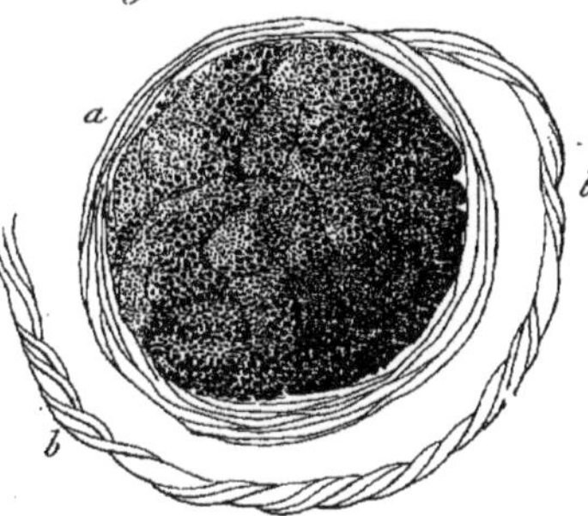

Fig. 4.   *Fig. 5.*

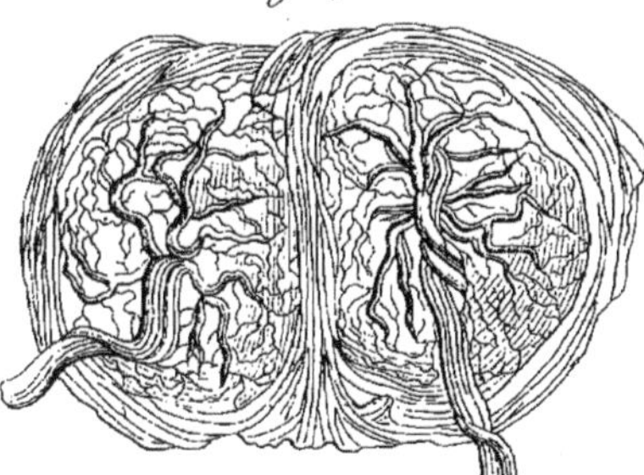
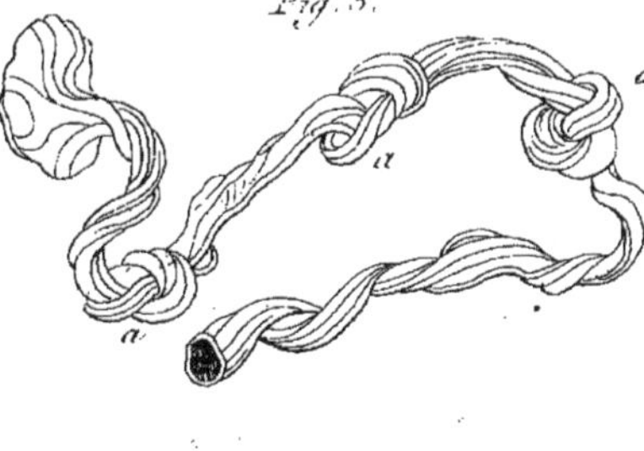

SYSTÊME ANATOMIQUE.
Homme. *Développement du Fœtus.*

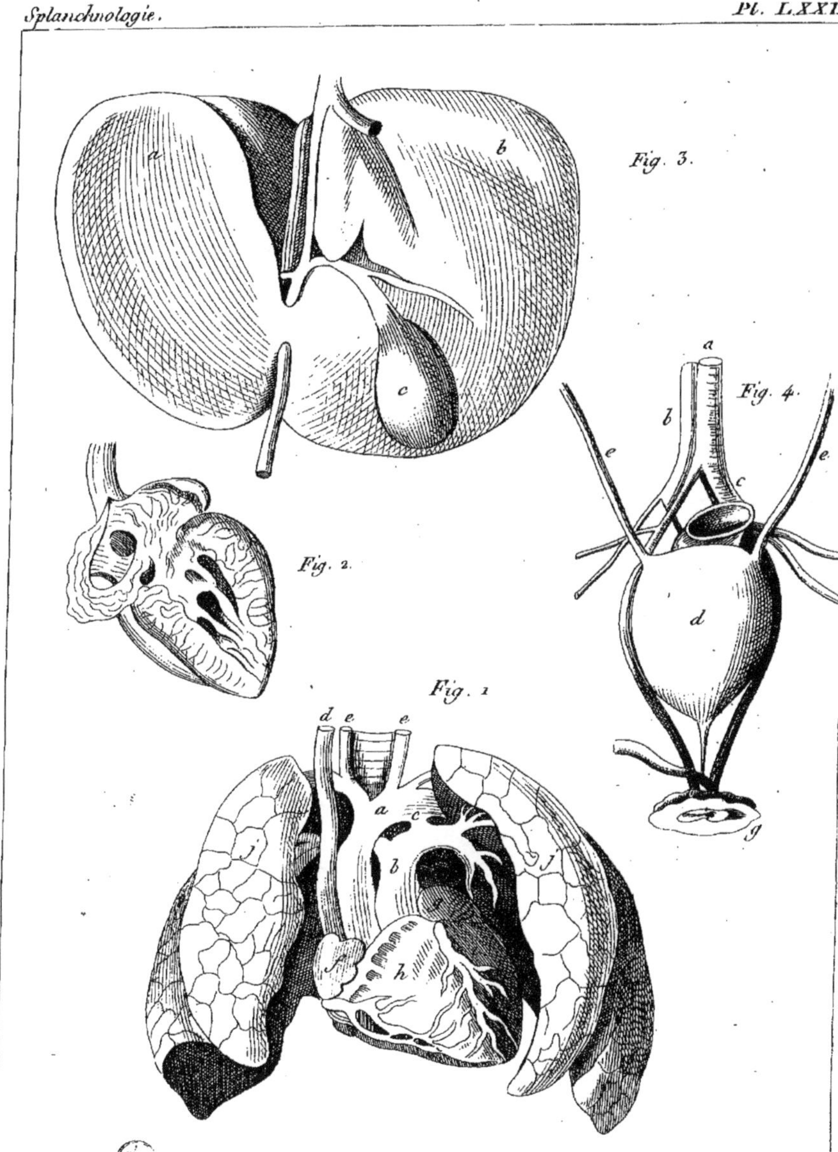

SYSTÊME ANATOMIQUE.

Homme. *Circulation du Fœtus.*

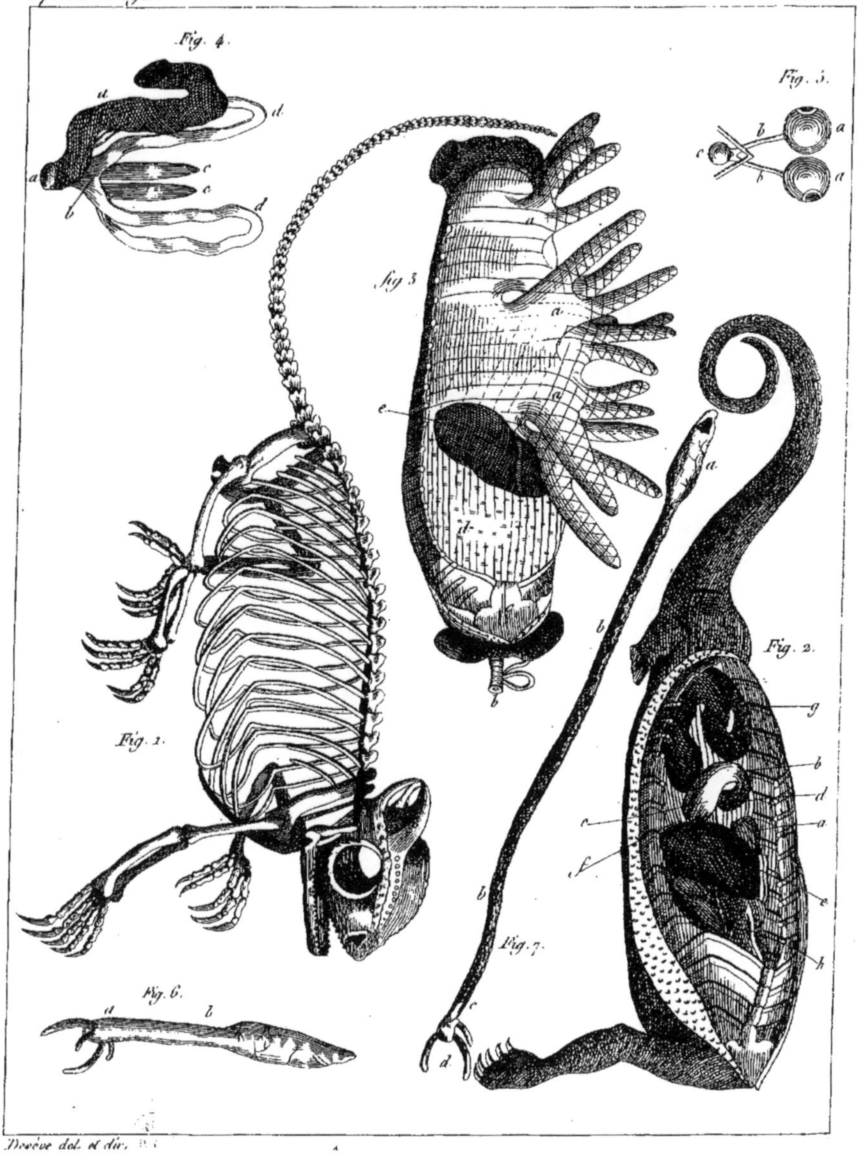

SYSTÈME ANATOMIQUE.

Caméléon. Viscères.

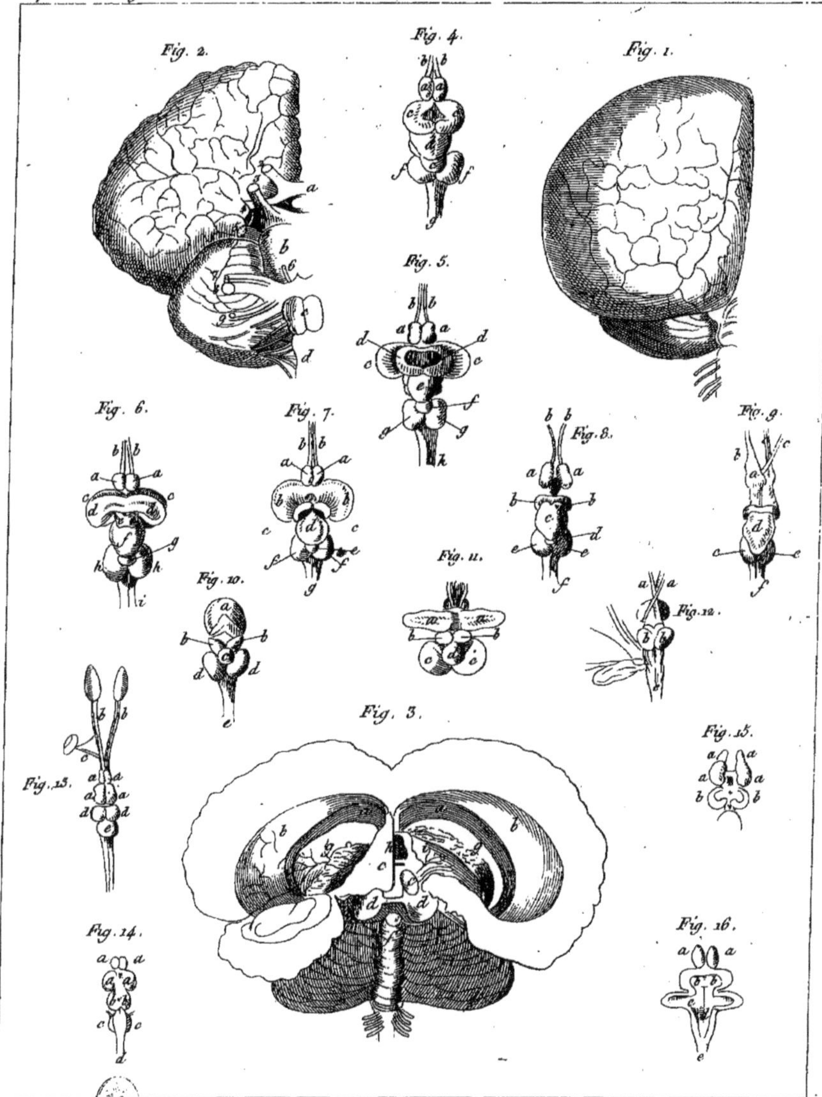

SYSTÊME ANATOMIQUE.
Mammifères. Poissons. Encéphale.

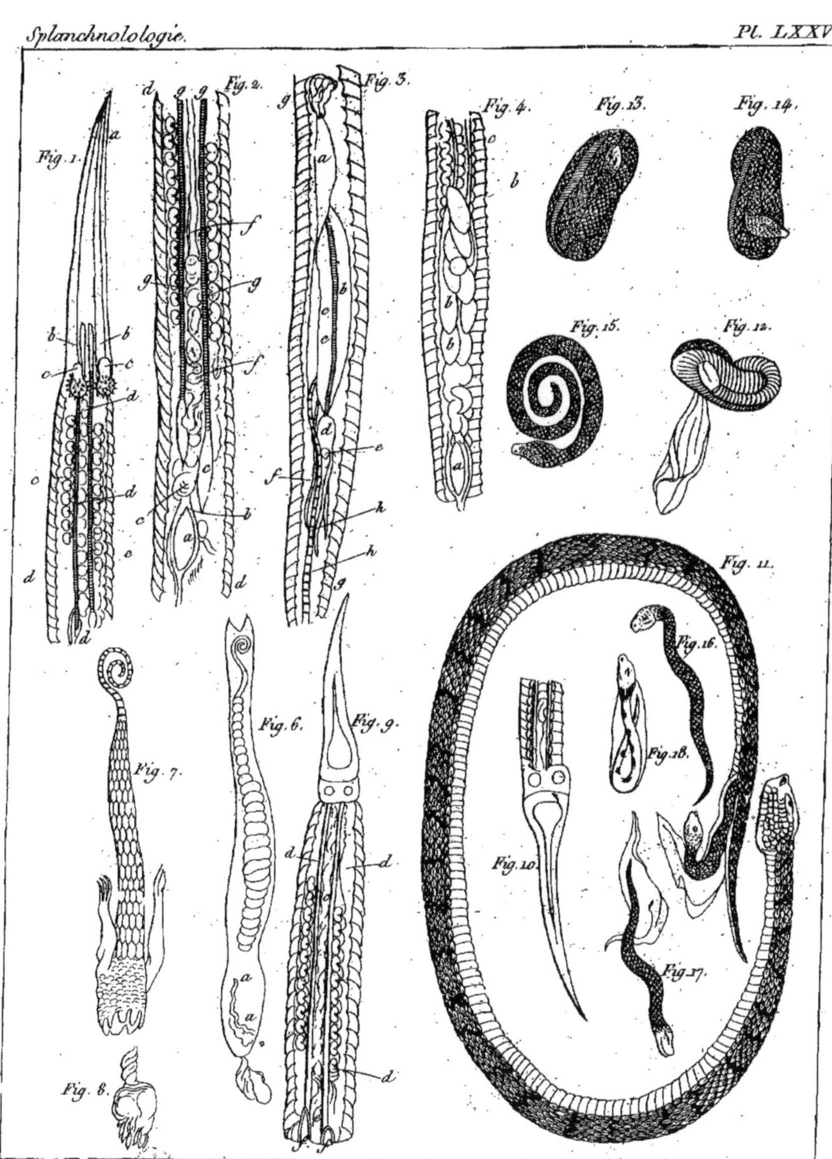

Desève del. et dir.

SYSTÊME ANATOMIQUE.

Vipère. Viscères, Génération.

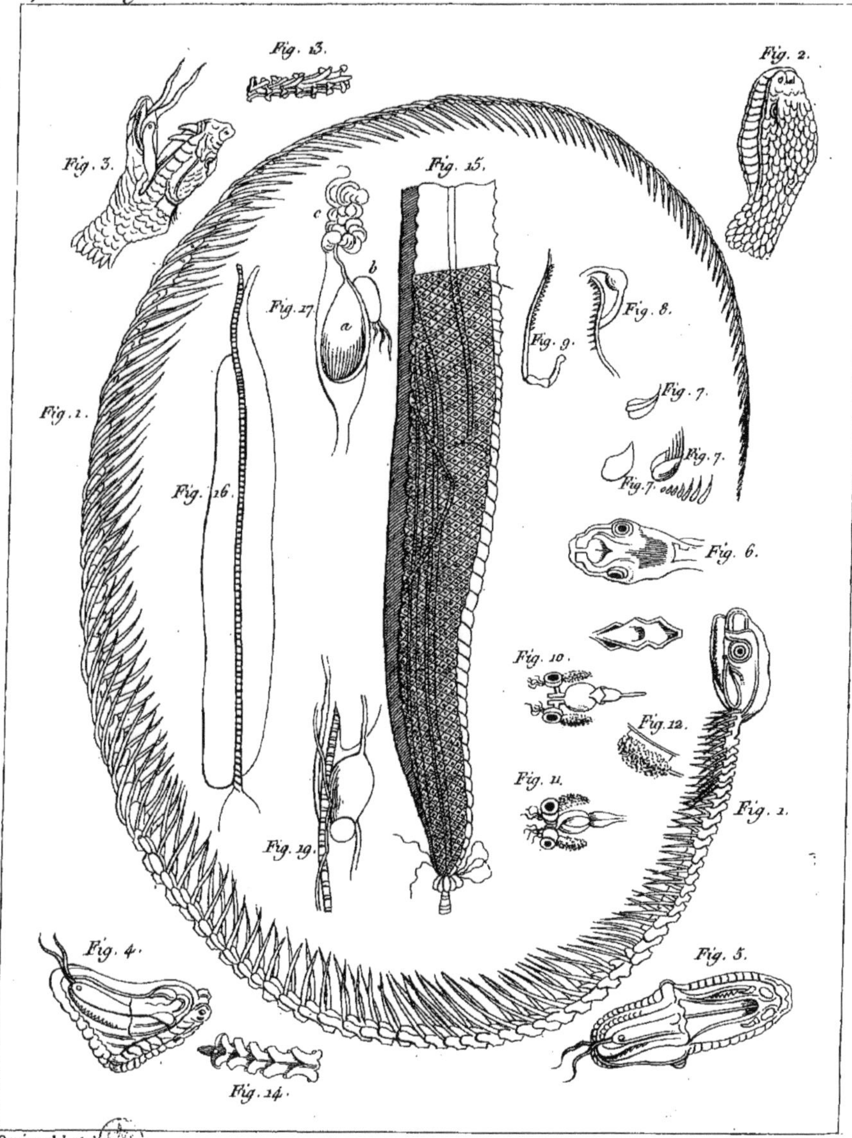

SYSTÈME ANATOMIQUE.
Vipère. Squelette et Viscères.

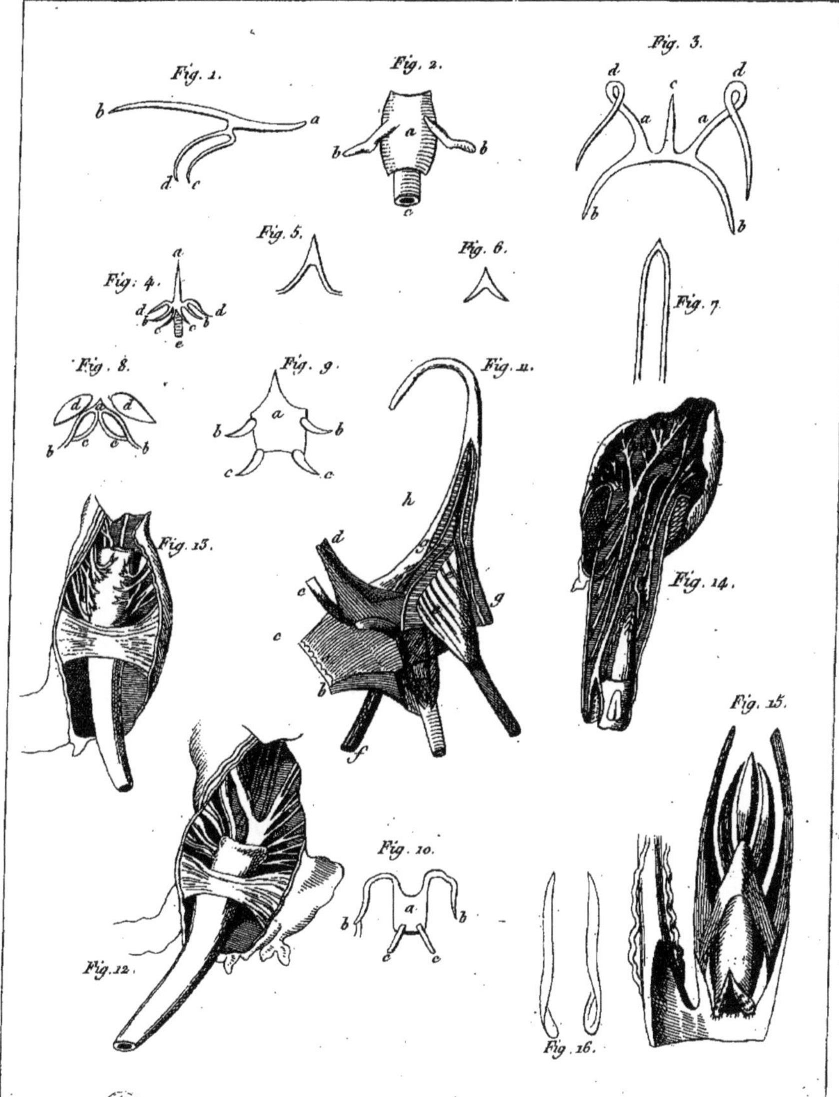

Deseve del. et dir.

SYSTÈME ANATOMIQUE.
Os hyoïdes de Reptiles; Langue du Buccin.

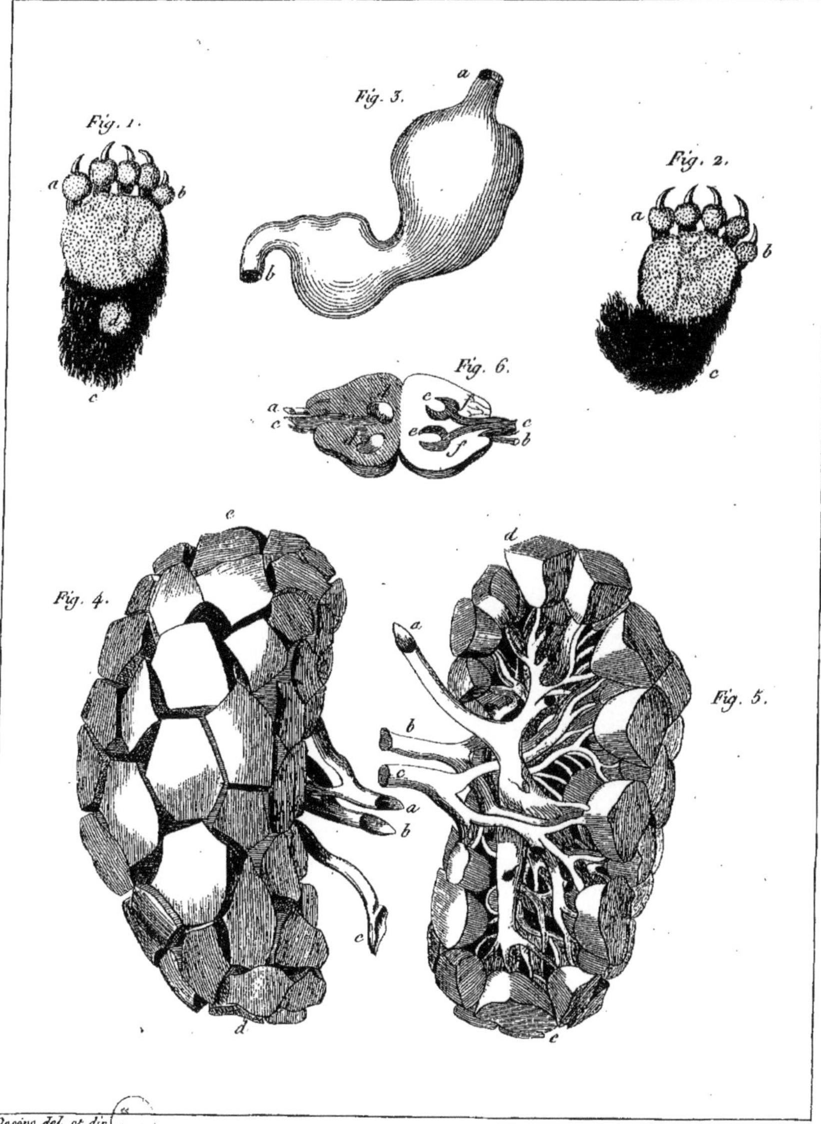

SYSTÊME ANATOMIQUE.

Ours.   Viscères.

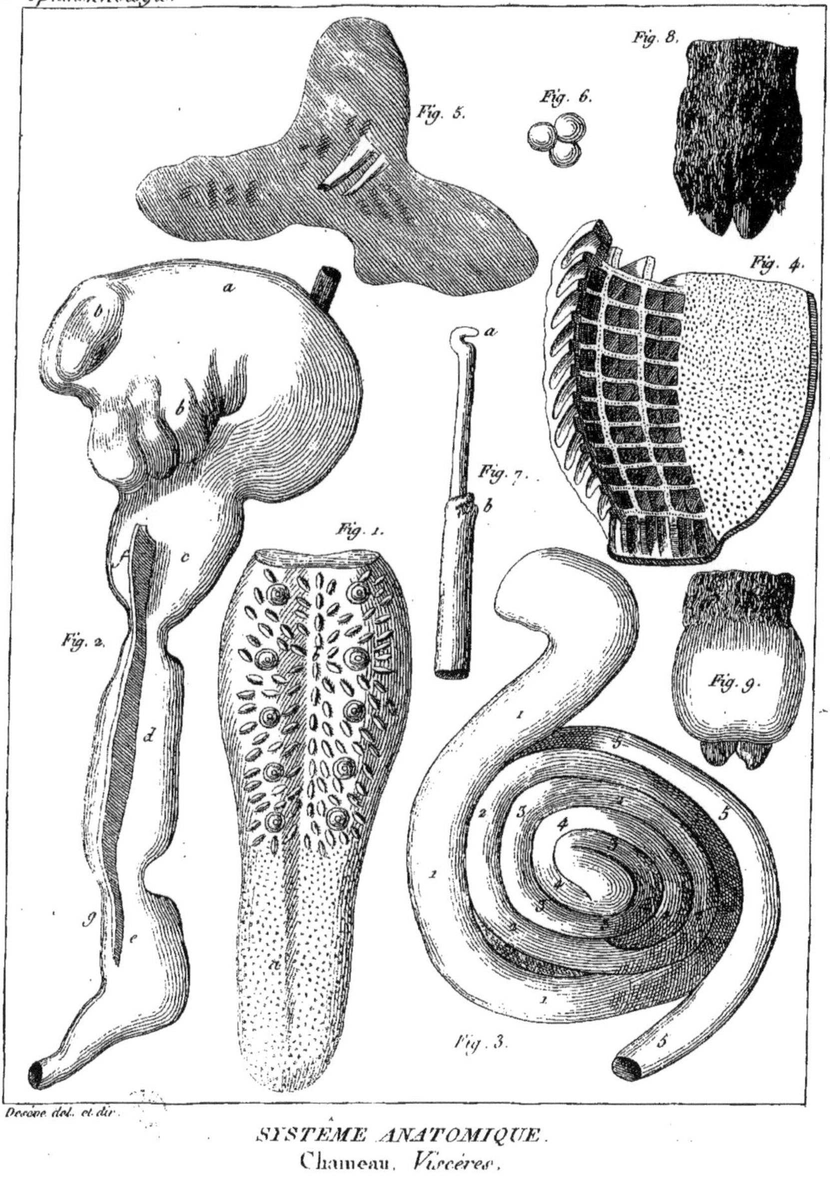

Desève del. et dir.

SYSTÊME ANATOMIQUE.

Chameau. *Viscères.*